Corneille

La Suite du Menteur

1645

1/2

LA SVITE DV MENTEVR, COMEDIE.

Imprimé à Roüen, & se vend

A PARIS,

Chez ANTOINE DE SOMMAVILLE, en la Gallerie des Merciers, à l'Escu de France.
ET
AVGVSTIN COVRBE', en la mesme Gallerie, à la Palme.
Au Palais.

M. DC. XLV.

AVEC PRIVILEGE DV ROY.

EPISTRE.

ONSIEVR,

Ie vous auois bien dit que le Menteur ne ſeroit pas le dernier emprunt, ou larcin que ie ferois chez les Eſpagnols; En voicy vne Suite qui eſt encor tirée du meſme Original, & dont LOPE a traitté le sujet sous le tiltre de *Amar sin saber a quien.* Elle n'a pas esté si heureuse au Theatre que l'autre, quoy que plus remplie de beaux sentiments & de beaux vers. Ce n'est pas que i'en vueille accuser, ny le defaut des Acteurs, ny le mauuais iugement du peuple : la faute en est toute à moy, qui deuois mieux prendre mes mesures, & choisir des sujets plus respondants au goust de mon Auditoire. Si i'estois de ceux qui tiennent que la Poësie a pour but de profiter aussi bien que de plaire, ie tâcherois de vous persuader que celle-cy est beaucoup meilleure que l'autre, à cause que Dorante y paroist beaucoup plus honneste homme, & donne des exemples de vertu à suiure, au lieu qu'en l'autre il ne donne que des imperfections à éuiter: Mais pour moy qui tiens auec Aristote & Horace, que nostre Art n'a pour but que le diuertissement, j'aduoue qu'il est icy bien moins à estimer qu'en la premiere Comedie, puisque auecque ses mauuaises habitudes il a perdu presque toutes ses graces, & qu'il semble auoir quitté la meilleure part de ses agréements, lors qu'il a voulu se corriger de ses défauts. Vous me direz que ie suis bien injurieux au mestier qui me fait cognoistre, d'en raualer le but si bas que de le reduire à plaire au peuple, & que ie suis bien hardy tout ensemble de prendre pour garand de mon opinion les deux maistres dont ceux du party contraire se fortifient. A cela ie vous diray que ceux-là mesme qui mettent si haut le but de l'Art sont injurieux à l'Artisan, dont ils raualent d'autant plus le merite, qu'ils pensent releuer la dignité de sa profession; parce que s'il est obligé de prendre soing de l'vtile, il euite seulement vne faute quand il s'en acquite, & n'est digne d'aucune loüange. C'est mon Horace qui me l'apprend,

——————Vitaui denique culpam,
Non laudem merui. ——————

En effet, MONSIEVR, vous ne loüeriez pas beaucoup vn homme pour auoir reduit vn Poëme Dramatique dans l'vnité de iour & de lieu, parce que les loix du Theatre le luy prescriuent, & que sans cela son ouurage ne seroit qu'vn monstre. Pour moy, i'estime extrémement ceux qui meslent l'vtile au delectable, & d'autant plus qu'ils n'y sont pas obligez par les regles de la Poësie, ie suis bien aise de dire d'eux auec nostre Docteur,

Omne tulit punctum qui miscuit vtile dulci.

Mais ie dénie qu'ils faillent contre ces regles, lors qu'ils ne l'y meslent pas, & les blâme seulement de ne s'estre pas proposé vn object assez digne d'eux, ou si vous me permettez de parler vn peu Chrestiennement, de n'auoir pas eu assez de charité pour prendre l'occasion de donner en passant quelque instruction à ceux qui les escoutent, ou qui les lisent: pourueu qu'ils ayent trouué le moyen de plaire, ils sont quittes enuers leur Art, & s'ils pechent, ce n'est pas contre luy, c'est contre les bonnes mœurs, & contre leur Auditoire. Pour vous faire voir le sentiment d'Horace là dessus, ie n'ay qu'à repeter ce que i'en ay desia pris, puis qu'il ne tient pas qu'on ſoit digne de loüange, quand on n'a fait que s'acquiter de ce qu'on doit, & qu'il en donne tant à celuy qui joint l'vtile à l'agreable, il eſt aiſé de conclurre qu'il tient que celuy-là fait plus qu'il n'eſtoit obligé de faire. Quand à Ariſtote, ie ne croy pas que ceux du party contraire ayent d'aſſez bons yeux pour trouuer le mot d'vtilité dans tout ſon Art Poëtique: quand il recherche la cauſe de la Poëſie, il ne l'attribuë qu'au plaiſir que les hommes reçoiuent de l'imitation, & comparant l'vne à l'autre les parties de la Tragedie, il prefere la Fable aux Mœurs, ſeulement pource qu'elle contient tout ce qu'il y a d'agreable dans le Poëme, & c'eſt pour cela qu'il l'appelle l'ame de la Tragedie. Cependant quand on y meſle quelque vtilité, ce doit eſtre principalement dans cette partie qui regarde les Mœurs, & que ce grand Homme toutefois ne tient point du tout neceſſaire, puis qu'il permet de la retrancher entierement, & demeure d'accord qu'on peut faire vne Tragedie ſans Mœurs. Or pour ne vous pas donner mauuaiſe impreſſion de la Comedie du Menteur qui a donné lieu à cette Suite, que vous pourriez juger eſtre ſimplement faite pour plaire, & n'auoir pas ce noble meſlange de l'vtilité, d'autant qu'elle ſemble violer vne autre maxime qu'on veut tenir pour indubitable, touchant la recompenſe des bonnes actions, & la punition des mauuaiſes, il ne ſera peut-eſtre pas hors de propos que ie vous diſe là deſſus ce que ie penſe. Il eſt certain que les actions de Dorante ne ſont pas bonnes Moralement, n'estant que fourbes & menteries, & neantmoins il obtient enfin ce qu'il souhaite, puis que la vraye Lucrece est en cette Piece sa derniere inclination. Ainsi si cette maxime est vne veritable regle de Theatre, i'ay failly, & si c'est en ce point seul que consiste l'vtilité de la Poësie, ie n'y en ay point meslé. Pour le premier, ie n'ay qu'à vous dire que cette regle imaginaire est entierement contre la pratique des Anciens, & sans aller chercher des exemples parmy les Grecs, Seneque qui en a tiré presque tous ses sujets, nous en fournit assez. Medée braue Iason apres auoir bruslé le Palais Royal, fait perir le Roy & sa fille, & tué ses enfans. Dans la Troade, Vlisse precipite Astianax, & Pyrrus immole Polyxene, tous deux impunément. Dans Agamemnon, il est assassiné par sa femme, & par son adultere qui s'empare de son Trône, sans qu'on voye tomber de foudre sur leurs testes. Atrée mesme dans le Thyeste triomphe de son miserable frere, apres luy auoir fait manger ses enfans, & dans les Comedies de Plaute & de Terence, que voyons-nous autre chose que des ieunes fous qui apres auoir par quelque tromperie tiré de l'argent de leurs peres pour dépenser à la suite de leurs amours dereglées, sont enfin richement mariez, & des esclaues qui apres auoir conduit tout l'intrique, & seruy de ministres à leurs débauches, obtiennent leur liberté pour recompense? Ce sont des exemples qui ne seroient non plus propres à imiter que les mauuaises finesses de nostre Menteur. Vous me demanderez en quoy donc consiste cette vtilité de la Poësie, qui en doit estre vn des grands ornements, & qui releue si haut le merite du Poëte quand il en enrichit son ouurage? I'en trouue deux à mon sens, l'vne empruntée de la Morale, l'autre qui luy est particuliere. Celle-là se rencontre aux sentences & reflexions que l'on peut adroitement semer presque par tout: Celle-cy en la naïfue peinture des vices & des vertus. Pourueu qu'on les sçache mettre en leur iour, & les faire cognoistre par leurs veritables caracteres, celles-cy se feront aimer, quoy que malheureuses, & ceux-là se feront detester, quoy que triomphants. Et comme le portrait d'vne laide femme ne laisse pas d'estre beau, & qu'il n'est pas besoin d'aduertir que l'original n'en est pas aimable, pour empescher qu'on l'aime, il en est de mesme dans nostre peinture parlante: quand le crime est bien peint de ses couleurs, quand les imperfections sont bien figurées, il n'est point besoin d'en faire voir vn mauuais succez à la fin pour aduertir qu'il ne les faut pas imiter. Et ie m'asseure que toutes les fois que le Menteur a esté representé, bien qu'on l'ait veu sortir du Theatre pour aller espouser l'object de ses derniers desirs, il n'y a eu personne qui se soit proposé son exemple pour acquerir vne maistresse, & qui n'ait pris toutes ses fourbes, quoy qu'heureuses, pour des friponneries d'Escolier, dont il faut qu'on se corrige auec soin, si l'on veut passer pour honneste homme. Ie vous dirois qu'il y a encore vne autre vtilité

propre

propre à la Tragedie, qui est la purgation des passions: mais ce n'est pas icy le lieu d'en parler, puis que ce n'est qu'vne Comedie que ie vous presente. Vous y pourrez rencontrer en quelques endroits ces deux sortes d'vtilité, dont ie vous viens d'entretenir; ie voudrois que le peuple y eust trouué autant d'agreable, afin que ie vous pûsse presenter quelque chose qui eust mieux atteint le but de l'Art. Telle qu'elle est, ie vous la donne aussi bien que la premiere, & demeure de tout mon cœur,

MONSIEVR,

Vostre tres-humble seruiteur,
CORNEILLE.

PRIVILEGE DV ROY.

LOVIS par la grace de Dieu Roy de France & de Nauarre: A nos amez & feaux Cōseillers les gens tenans nos Cours de Parlement, Maistres des Requestes ordinaires de nostre Hostel, Baillifs, Seneschaux, Preuosts, leurs Lieutenans; & à tous autres de nos Iusticiers & Officiers qu'il appartiendra, Salut. Nostre cher & bien amé le Sieur Corneille nous a fait remōstrer qu'il a composé vne Comedie intitulée *La suite du Menteur*, laquelle il desireroit faire imprimer, s'il nous plaisoit luy accorder nos lettres sur ce necessaires. A ces causes, desirant gratifier & fauorablement traiter ledit Sieur Corneille, Nous luy auons permis & permettons par ces presentes de faire imprimer, vendre & distribuer en tous les lieux de nostre obeyssance, ladite Comedie de la Suite du Menteur, par luy composée, & ce par tel Imprimeur ou Libraire qu'il voudra choisir, en telle marge, caractere, & autant de fois que bon luy semblera durant l'espace de cinq ans entiers & accōplis, à compter du iour qu'elle sera acheuée d'imprimer pour la premiere fois: Et faisons tres-expresses deffenses à tous Imprimeurs, Libraires, & autres personnes de quelque qualité & condition qu'elles soient, de l'imprimer, faire imprimer, vēdre & debiter en aucun lieu de nostre obeyssance, sous pretexte d'augmentation, correction, changement de tiltre, fausse marque ou autrement, en quelque sorte & maniere que ce soit, sans le consentement dudit Sieur Corneille, ou de ceux qui auront droit de luy: Deffendons aussi à tous Marchāds Libraires, Imprimeurs, & autres, tant François qu'Estrangers, d'apporter ny vendre en ce Royaume des Exemplaires de ladite Comedie imprimez hors iceluy, sans la permission de l'exposant, à peine de trois mil liures d'amende, payable par chacun des contreuenans, & applicable vn tiers à Nous, vn tiers à l'Hostel Dieu de Paris, & l'autre tiers audit Exposant, ou au Libraire duquel il se sera seruy, de confiscation des Exemplaires contrefaits, & de tous despens, dommages & interests; A cõdition qu'il sera mis deux exemplaires de ladite Comedie en nostre Bibliotheque publique, & vn en celle de nostre tres-cher & feal le Sieur Seguier Cheualier, Chancelier de Frãce, auant que de les exposer en vente, à peine de nullité des presentes, du contenu desquelles nous voulons & vous mandons que vous fassiez jouyr plainement & paisiblement ledit Sieur Corneille, & ceux qui auront droit de luy, sans souffrir qu'il leur soit donné aucun empeschement : Voulons aussi qu'en mettant au cõmencement ou à la fin dudit Liure vn extraict des presentes, elles soient tenuës pour deuëment signifiées, & que foy y soit adjoustée, & aux copies collationnées par vn de nos amez & feaux Conseillers & Secretaires, comme à l'original ; Mandons au premier nostre Huissier ou Sergent sur ce requis, de faire pour l'execution des presentes, tous exploicts necessaires, sans demander autre permission : CAR TEL est nostre plaisir : Nonobstant Clameur de Haro, Chartre Normande, & autres lettres à ce contraires. DONNÉ à Paris le cinquiéme Aoust, l'an de grace 1645. Et de nostre Regne le troisiéme. Signé, Par le Roy en son Conseil, CONRARD. Et scellé du grand sceau de cire jaulne.

Acheué d'imprimer pour la premiere fois à ROVEN, par Laurens Maurry, ce dernier Septembre 1645.

Les Exemplaires ont esté fournis suyuant le Priuilege.

ACTEVRS.

DORANTE.

CLITON valet de Dorante.

CLEANDRE Gentilhomme de Lyon.

MELISSE sœur de Cleandre.

PHILISTE amoureux de Melisse.

LYSE seruante de Melisse.

VN PREVOST.

La Scene est à Lyon.

LA SVITE DV MENTEVR, COMEDIE.

ACTE I.

SCENE PREMIERE.

DORANTE, CLITON.

Dorante paroist écriuant dans vne prison, & le Geolier ouurant la porte à Cliton, & le luy monstrant.

CLITON.

H! Monsieur, c'est donc vous?

DORANTE.

Cliton, ie te reuoy!

CLITON.

Ie vous trouue, Monsieur, dans la Maison du Roy:
Quel charme, quel desordre, ou quelle raillerie
Des prisons de Lyon fait vostre hostellerie?

DORANTE.

Tu le sçauras tantost, mais qui t'amene icy?

CLITON.

Les soins de vous chercher.

DORANTE.

Tu prens trop de soucy,
Et quoy qu'apres deux ans ton souuenir s'aduise,
Ta rencontre me plaist, i'en aime la surprise,
Ton deuoir, quoy que tard, enfin s'est éueillé.

CLITON.

Et qui sçauoit, Monsieur, où vous estiez allé?
Vous ne nous témoigniez qu'ardeur & qu'allegresse,
Qu'impatients desirs de posseder Lucrece,
L'argent estoit touché, les accords publiez,
Le festin commandé, les parents conuiez,
Tout cét attirail prest qu'on fait pour l'Hymenée,
Les violons choisis ainsi que la journée;
Qui se fust défié que la nuict de deuant
Vostre propre Grandeur deust fendre ainsi le vent?
Comme il ne fut iamais d'Eclypse plus obscure,

Chacun sur ce depart forma sa conjecture,
Tous s'entre-regardoient, estonnez, ébays,
L'vn disoit, il est jeune, il veut voir le pays,
L'autre, il s'est allé battre, il a quelque querelle,
L'autre d'vne autre Idée embroüilloit sa ceruelle,
Et tel vous soupçonnoit de quelque guerison
D'vn mal priuilegié dont ie tairay le nom.
Pour moy, j'écoutois tout, & mis dans mon caprice
Qu'on ne deuinoit rien que par vostre artifice,
Ainsi ce qui chez eux prenoit plus de credit
M'estoit aussi suspect que si vous l'eussiez dit,
Et tout simple & doucet, sans y chercher finesse,
Attendant le boiteux, ie consolois Lucrece.

DORANTE.

Ie l'aimois, ie te jure, & pour la posseder
Mon amour mille fois voulut tout hazarder;
Mais quand j'eus bien pensé qu'il falloit à mon âge
Au sortir de Poitiers entrer au Mariage,
Que j'eus consideré ses chaisnes de plus prés,
Son visage à ce prix n'eut plus pour moy d'attraits,
L'horreur d'vn tel lien m'en fit de la maistresse,
Ie crûs qu'il falloit mieux employer ma jeunesse,
Et que quelques appas qui me pussent rauir
C'estoit mal en vser que si-tost m'asseruir.

Ie combats toutefois, mais le temps qui s'aduance
Me fait precipiter en cette extrauagance,
Et la tentation de tant d'argent touché
M'acheue de pousser où i'estois trop panché.
Que l'argent est commode à faire vne folie!
L'argent me fait resoudre à courir l'Italie,
Ie pars de nuict en poste, & d'vn soin diligent
Ie quitte la maistresse & i'emporte l'argent.
Mais dy-moy, que fit elle, & que dit lors son pere?
Le mien, ou ie me trompe, estoit fort en colere?

CLITON.

D'abord de part & d'autre on vous attend sans bruit;
Vn iour se passe, deux, trois, quatre, cinq, six, huict,
Enfin n'esperant plus, on éclate, on foudroye,
Lurece par dépit témoigne de la joye,
Chante, dance, discourt, rit, mais sur mon honneur
Elle enrageoit, Monsieur, dans l'ame, & de bon cœur.
Ce grand bruit s'accommode, & pour plastrer l'affaire
La pauure delaissée épouse vostre pere,
Et rongeant dans son cœur son déplaisir secret
D'vn visage content prend le change à regret:
L'éclat d'vn tel affront l'ayant trop décriée
Il n'est à son aduis que d'estre mariée,
Et comme en vn naufrage on se prend où l'on peut,

En fille obeïssante elle veut ce qu'on veut.
Voilà donc le bon homme enfin à sa seconde,
C'est à dire qu'il prend la poste à l'autre monde,
Vn peu moins de deux mois le met dans le cercueil.

DORANTE.

I'ay sçeu sa mort à Rome, où i'en ay pris le dueil.

CLITON.

Elle a laißé chez vous vn diable de ménage:
Ville prise d'assaut n'est pas mieux au pillage,
La Vefue & les Cousins, chacun y fait pour soy
Comme fait vn Sergent pour les deniers du Roy,
Où qu'ils jettent la main, ils font rafles entieres,
Ils ne pardonnent pas mesme au plomb des goutieres,
Et ce sera beaucoup si vous trouuez chez vous,
Quand vous y rentrerez, deux gonds & quatre cloux.
I'apprens qu'on vous a vû cependant à Florence,
Pour vous donner aduis ie pars en diligence,
Et ie suis estonné qu'en entrant dans Lyon
Ie voy courir du peuple auec émotion,
Ie veux voir ce que c'est, & ie voy, ce me semble,
Pousser dans la prison quelqu'vn qui vous ressemble,
Ie demande d'entrer, & vous trouuant icy
Ie trouue auecque vous mon voyage accourcy.
Voilà mon aduanture, apprenez-moy la vostre.

DORANTE.

La mienne est bien estrange ; on me prend pour vn autre.

CLITON.

I'eusse osé le gager. Est-ce meurtre, ou larcin?

DORANTE.

Suis-ie fait en voleur, ou bien en assaßin?
Traistre, en ay-ie l'habit, ou la mine, ou la taille?

CLITON.

Cognoist-on à l'habit auiourd'huy la canaille,
Et n'est-il point, Monsieur, à Paris de Filoux
Et de taille & de mine außi bonnes que vous?

DORANTE.

Tu dis vray, mais escoute. Apres vne querelle
Qu'à Florence vn jaloux me fit pour quelque belle,
I'eus aduis que ma vie y couroit du danger,
Ainsi donc sans trompette il falut déloger,
Ie pars seul & de nuict, & prens ma route en France,
Où si-tost que ie suis en pays d'asseurance,
Comme d'auoir couru ie me sens vn peu las,
I'abandonne la poste, & viens au petit pas.
Approchant de Lyon ie voy dans la campagne....

CLITON bas.

N'aurons-nous point icy des guerres d'Allemagne?

DORANTE.

Que dis-tu?

CLITON.

Rien, Monsieur, ie gronde entre mes dents
Du malheur qui ſuiura ces rares incidents,
I'en ay l'ame deſia toute preoccupée.

DORANTE.

Donc à deux Caualiers ie voy tirer l'eſpée,
Et pour en empeſcher l'euenement fatal,
I'y cours la mienne au poin, & deſcens de cheual:
L'vn & l'autre voyant à quoy ie me prepare
Se haſte d'acheuer auant qu'on les ſepare,
Preſſe ſans perdre temps, ſi bien qu'à mon abord
D'vn coup que l'vn allonge il bleſſe l'autre à mort.
Ie me jette au bleſſé, ie l'embraſſe, & i'eſſaye
Pour arreſter ſon ſang de luy bander ſa playe,
L'autre qui voit pour luy le ſejour dangereux
Saute ſur mon cheual, & luy donne des deux,
Diſparoiſt, & mettant à couuert le coulpable
Me laiſſe aupres du mort faire le charitable.
Ce fut en cét eſtat, les doigts de ſang ſoüillez,
Qu'au bruit de ce duel trois Sergents éueillez
Tous gonflez de l'eſpoir d'une bonne lipée
Me découurirent ſeul, & la main à l'eſpée.

Lors ſuiuant du meſtier le ſerment ſolemnel
Mon argent fut pour eux le premier criminel,
Et s'en eſtant ſaiſis aux premieres approches
Ces Meſsieurs pour priſon luy donnerent leurs poches,
Et moy, non ſans couleur, encor qu'injuſtement,
Ie fus conduit par eux en cét apartement.
Qui te fait ainſi rire, & qu'eſt-ce que tu penſes?

CLITON.

Ie trouue icy, Monſieur, beaucoup de circonſtances,
Vous en auez ſans doute vn treſor infiny,
Voſtre Hymen de Poitiers n'en fut pas mieux fourny,
Et ſur tout le cheual luy ſeul en ce rencontre
Vaut & le piſtolet, & l'eſpée, & la monſtre.

DORANTE.

Ie me ſuis bien défait de ces traits d'Ecolier
Dont l'vſage autrefois m'eſtoit ſi familier,
Et maintenant, Cliton, ie vis en honneſte homme.

CLITON.

Vous eſtes amendé du voyage de Rome,
Et voſtre ame en ce lieu reduite au repentir
Fait mentir le Prouerbe en ceſſant de mentir!
Ah! j'aurois pluſtoſt crû....

DORANTE.

Le temps m'a fait cognoiſtre

Quelle

Quelle indignité c'eſt, & quel mal en peut naiſtre.

CLITON.

Quoy ? ce duel, ces coups ſi iuſtement portez,
Ce cheual, ces Sergents...

DORANTE.

Autant de veritez.

CLITON.

I'en ſuis faſché pour vous, Monſieur, & ſur tout d'vne
Que ie ne conte pas à petite infortune:
Vous eſtes priſonnier, & n'auez point d'argent,
Vous ſerez criminel.

DORANTE.

Ie ſuis trop innocent.

CLITON.

Ah! Monſieur, ſans argent eſt-il de l'innocence?

DORANTE.

Fort peu, mais dans ces murs Philiſte a pris naiſſance,
Et comme il eſt parent des premiers Magiſtrats,
Soit d'argent, ſoit d'amis, nous n'en manquerons pas.
I'ay ſçeu qu'il eſt en ville, & luy venois d'écrire
Lors qu'icy le Concierge eſt venu t'introduire,
Va luy porter ma lettre.

CLITON.

Auec vn tel ſecours

Vous serez innocent auant qu'il soit huict iours.
Mais ie ne comprens rien à ces nouueaux mysteres.
Les filles doiuent estre icy fort volontaires,
Iusques dans la prison elles cherchent les gens.

SCENE II.

DORANTE, CLITON, LYSE.

CLITON à Lyse.

IL ne fait que sortir des mains de trois Sergents,
Ie t'en veux aduertir, vn fol espoir te trouble,
Il cajole des mieux, mais il n'a pas le double.

LYSE.

I'en apporte pour luy.

CLITON.

Pour luy! tu m'as dupé,
Et ie doute sans toy si nous eussions soupé.

LYSE monstrant vne bourse.

Auec ce passe-port, suis-je la bien-venuë?

CLITON.

Tu nous vas à tous deux donner dedans la veuë.

LYSE.

Ay-je bien pris mon temps?

CLITON.

Le mieux qu'il se pouuoit.
C'est vne honneste fille, & Dieu nous la deuoit,
Monsieur, escoutez-la.

DORANTE.

Que veut-elle?

LYSE.

Vne Dame
Vous offre en cette lettre vn cœur tout plein de flame.

DORANTE.

Vne Dame?

CLITON.

Lisez sans faire de façons,
Dieu nous aime, Monsieur, comme nous sommes bons,
Et ce n'est pas là tout, l'amour ouure son coffre,
Et l'argent qu'elle tient vaut bien le cœur qu'elle offre.

DORANTE lit.

AV bruit du monde qui vous conduisoit prisonnier, i'ay mis les yeux à la fenestre, & vous ay trouué de si bonne mine, que mon cœur est allé dans la mesme prison que vous, & n'en veut point sortir tant que vous y serez. Ie feray mon possible pour vous en tirer au plustost: Cependant obligez-moy de vous seruir de ces cent pistoles que ie vous enuoye, vous en pouuez auoir besoin en l'estat où vous estes, & il m'en demeure assez d'autres à vôtre seruice.

DORANTE continuë.

Cette lettre est sans nom.

CLITON.

Les mots en sont François.
Dy-moy, sont-ce Louys, ou pistoles de poids?

DORANTE.

Tay-toy.

LYSE à Dorante.

Pour ma maistresse il est de consequence
De vous taire deux iours son nom & sa naissance,
Ce secret trop tost sçeu peut la perdre d'honneur.

DORANTE.

Ie seray cependant aueugle en mon bon-heur,
Et d'vn si grand bien-fait j'ignoreray la source?

CLITON à Dorante.

Curiosité bas, prenons tousiours la bource,
Bien souuent on perd tout pour vouloir tout sçauoir.

LYSE à Dorante.

Puis-je la luy donner?

CLITON à Lyse.

Donne, j'ay tout pouuoir,
Quand mesme ce seroit le tresor de Venise.

DORANTE.

Tout-beau, tout-beau, Cliton, il nous faut....

CLITON.

Lâcher prise?

Quoy, c'est ainsi, Monsieur....

DORANTE.

Parleras-tu tousiours?

CLITON.

Et voulez-vous du Ciel renuoyer le secours?

DORANTE.

Accepter de l'argent porte en soy quelque honte.

CLITON.

Ie m'en charge pour vous, & la prens pour mon conte.

DORANTE à Lyse.

Escoute vn mot.

CLITON.

Ie tremble, il la va refuser.

DORANTE.

Ta maistresse m'oblige.

CLITON.

Il en veut mieux vser,

Oyons.

DORANTE.

Sa courtoisie est extréme, & m'estonne,

Mais....

CLITON.

Le Diable de Mais.

DORANTE.

Mais qu'elle me pardonne,
Si....

CLITON.

Ie meurs, ie ſuis mort.

DORANTE.

Si i'en change l'effet,
Et reçoy comme vn preſt le don qu'elle me fait.

CLITON.

Ie ſuis reſſuſcité, preſt ou don, ne m'importe.

DORANTE à Cliton, & puis à Lyſe.

Pren. Ie luy rendray meſme auant que ie ſorte.

CLITON à Lyſe.

Eſcoute vn mot. Tu peux t'en aller à l'inſtant,
Et reuenir demain auec encore autant.
Et vous, Monſieur, ſongez à changer de demeure,
Vous ſerez innocent auant qu'il ſoit vne heure.

DORANTE à Cliton, & puis à Lyſe.

Ne me romps plus la teſte, & toy tarde vn moment,
I'écris à ta maiſtreſſe vn mot de compliment.

rante
ſcrire
la
le,

CLITON.

Dirons-nous cependant deux mots de guerre ensemble?

LYSE.

Disons.

CLITON.

Regarde moy.

LYSE.

Ie le veux.

CLITON.

Que t'en semble?

Dy.

LYSE.

Que tout vert & rouge ainsi qu'vn Perroquet
Tu n'es que bien en cage, & n'as que du caquet.

CLITON.

Tu ris, cette action qu'est-elle?

LYSE.

Ridicule.

CLITON.

Et cette main?

LYSE.

De taille à bien ferrer la mule.

CLITON.

Cette jambe, ce pied?

LYSE.

Si tu sors des prisons,
Dignes de t'installer aux petites maisons.

CLITON.

Ce front?

LYSE.

Est vn peu creux.

CLITON.

Cette teste?

LYSE.

Vn peu folle.

CLITON.

Ce ton de voix enfin auec cette parole?

LYSE.

Ah! c'est là que mes sens demeurent estonnez,
Le ton de voix est rare aussi bien que le nez.

CLITON.

Ie meure, ton humeur me semble si jolie
Que tu me vas resoudre à faire vne folie:
Touche, ie veux t'aymer, tu seras mon soucy,
Nos maistres font l'amour, nous le ferons aussi.
I'auray mille beaux mots tous les iours à te dire,
Ie coucheray de feux, de sanglots, de martyre,
Ie te diray ie meurs, ie suis dans les abois,

Ie

Ie brûle...

LYSE.

Et tout cela de ce beau ton de voix?
Ah! si tu m'entreprens deux iours de cette sorte,
Mon cœur est déconfit, & ie me tiens pour morte,
Si tu me veux en vie, affoibly ces attraits,
Et retien pour le moins la moitié de leurs traits.

CLITON.

Tu sçais mesmes charmer alors que tu te moques,
Gouuerne doucement l'ame que tu m'excroques,
On a traité mon maistre auec moins de rigueur,
On n'a pris que sa bourse, & tu prens iusqu'au cœur.

LYSE.

Il est riche, ton maistre?

CLITON.

Assez.

LYSE.

Et Gentilhomme?

CLITON.

Il le dit.

LYSE.

Il demeure?

CLITON.

A Paris.

LYSE.

Et se nomme?

DORANTE fouïllant dans la bourse.

Porte luy cette lettre, & reçoy...

CLITON luy retenant le bras.

Sans conter?

DORANTE.

Cette part de l'argent que tu viens d'apporter.

CLITON.

Elle n'en prendra pas, Monsieur, ie vous proteste.

LYSE.

Celle qui vous l'enuoye en a pour moy de reste.

CLITON.

Ie vous le disois bien, elle a le cœur trop bon.

LYSE.

Luy pourray-je, Monsieur, apprendre vostre nom?

DORANTE.

Il est dans mon billet, mais pren, ie t'en conjure?

CLITON.

Vous faut-il dire encor que c'est luy faire injure?

LYSE.

Vous perdez temps, Monsieur, ie sçay trop mon deuoir:
Adieu, ie seray peu sans vous venir reuoir,
Et porte tant de joye à celle qui vous aime

Qu'elle rapportera la responſe elle-meſme.

CLITON.

Adieu, belle railleuſe.

LYSE.

Adieu, beau nazillard.

SCENE III.

DORANTE, CLITON.

DORANTE.

CEtte fille eſt jolie, elle a l'eſprit gaillard.

CLITON.

I'en eſtime l'humeur, i'en aime le viſage,
Mais plus que tous les deux, j'adore ſon meſſage.

DORANTE.

C'eſt celle dont il vient qu'il en faut eſtimer,
C'eſt elle qui me charme, & que ie veux aimer.

CLITON.

Quoy? vous voulez, Monſieur, aimer cette incognuë?

DORANTE.

Oüy, ie la veux aimer, Cliton.

CLITON.

Sans l'auoir veuë?

DORANTE.

Vn si rare bien-fait en vn besoin pressant
S'empare puissamment d'vn cœur recognoissant,
Et comme de soy-mesme il marque vn grand merite,
Dessous cette couleur il parle, il sollicite,
Peint l'objet aussi beau qu'on le voit genereux,
Et si l'on n'est ingrat, il faut estre amoureux.

CLITON.

Vostre amour va tousiours d'vn estrange caprice.
Dés l'abord autrefois vous aimastes Clarice,
Celle-cy sans la voir; Mais, Monsieur, vostre nom,
Luy deuiez-vous l'apprendre, & si tost?

DORANTE.

Pourquoy non?
I'ay crû le deuoir faire, & l'ay fait auec joye.

CLITON.

Il est plus décrié que la fausse monnoye.

DORANTE.

Mon nom?

CLITON.

Oüy, dans Paris en langage commun
Dorante & le Menteur à present ce n'est qu'vn,

Et vous y possedez ce haut degré de gloire
Qu'en vne Comedie on a mis vostre histoire.

DORANTE.

En vne Comedie?

CLITON.

Et si naïfuement
Que i'ay crû, la voyant, voir vn enchantement.
On y voit vn Dorante auec vostre visage,
On le prendroit pour vous, il a vostre air, vostre aage,
Vos yeux, vostre action, vostre maigre embonpoint,
Et paroist comme vous adroit au dernier point.
Comme à l'euenement i'ay part à la peinture,
Apres vostre portrait on produit ma figure,
Le Heros de la farce, vn certain Iodelet
Fait marcher apres vous vostre digne valet,
Il a iusqu'à mon nez & iusqu'à ma parole,
Et nous auons tous deux appris en mesme escole,
C'est l'original mesme, il vaut ce que ie vaux,
Si quelqu'autre s'en mesle, on peut s'inscrire en faux,
Et tout autre que luy dans cette Comedie
N'en fera iamais voir qu'vne fausse copie.
Pour Clarice & Lucrece, elles en ont quelque air,
Philiste auec Alcippe y vient vous accorder,
Vostre feu pere mesme est joüé sous le masque.

DORANTE.

Cette piece doit estre & plaisante & fantasque,
Mais son nom?

CLITON.

Vostre nom de guerre, le Menteur.

DORANTE.

Les vers en sont-ils bons? fait-on cas de l'Autheur?

CLITON.

La piece a reüßi, quoy que foible de style,
Et d'vn nouueau Prouerbe elle enrichit la Ville,
De sorte qu'aujourd'huy presque en tous les quartiers
On dit quand quelqu'vn ment, qu'il reuient de Poitiers.
Et pour moy, c'est bien pis, ie n'ose plus paroistre,
Ce maraut de farceur m'a fait si bien cognoistre
Que les petits enfans, si tost qu'on m'apperçoit,
Me courent dans la ruë, & me monstrent au doigt,
Et chacun rit de voir les Courtauts de boutique,
Grossissant à l'enuy leur chienne de Musique
Se rompre le gosier dans cette belle humeur
A crier apres moy le valet du Menteur.
Vous en riez aussi?

DORANTE.

Veux-tu point que i'en rie?

CLITON.

Ie n'y trouue que rire, & cela vous décrie,
Mais si bien, qu'à present voulant vous marier
Vous ne trouueriez pas la fille d'vn Huißier,
Pas celle d'vn records, pas d'vn cabaret mesme.

DORANTE.

Il faut donc auancer prés de celle qui m'aime,
Comme Paris est loin, si ie ne suis deceu,
Nous pourrons reüßir auant qu'elle ait rien sçeu,
Mais quelqu'vn vient à nous, & i'entens du murmure.

SCENE IV.

LE PREVOST, CLEANDRE, DORANTE, CLITON.

CLEANDRE au Preuost.

AH! ie suis innocent, vous me faites injure.

LE PREVOST à Cleandre.

Si vous l'estes, Monsieur, ne craignez aucun mal,
Mais comme enfin le mort estoit vostre riual,
Et que le prisonnier proteste d'innocence,

Ie dois ſur ce ſoupçon vous mettre en ſa preſence.

CLEANDRE au Preuoſt.

Et ſi pour s'affranchir il oſe me charger?

LE PREVOST à Cleandre.

La Iuſtice entre vous en ſçaura bien iuger,
Souffrez paiſiblement que l'ordre s'execute.
à Dorante. *Vous dites auoir veu le coup qu'on vous impute,*
Voyez ce Caualier, en ſeroit-ce l'autheur?

CLEANDRE bas.

Il va me recognoiſtre. Ah Dieu! ie meurs de peur.

DORANTE au Preuoſt.

bas. *Souffrez que i'examine à loiſir ſon viſage.*
C'eſt luy, mais il n'a fait qu'en homme de courage,
Ce ſeroit laſcheté, quoy qu'il puiſſe arriuer,
De perdre vn ſi grand cœur quand ie le puis ſauuer,
Ne le découurons point.

CLEANDRE bas.

Il me cognoiſt, ie tremble.

DORANTE au Preuoſt.

Ce Caualier, Monſieur, n'a rien qui luy reſſemble,
L'autre eſt de moindre taille, il a le poil plus blond,
Le teint plus coloré, le viſage plus rond,
Et ie le cognois moins, tant plus ie le contemple.

CLEANDRE

CLEANDRE bas.

O generosité qui n'eut iamais d'exemple!

DORANTE.

L'habit mesme est tout autre.

LE PREVOST.

Enfin ce n'est pas luy?

DORANTE.

Non, il n'a point de part au duel d'aujourd'huy.

LE PREVOST à Cleandre.

Ie suis rauy, Monsieur, de voir vostre innocence
Asseurée à present par sa recognoissance,
Sortez quand vous voudrez, vous auez tout pouuoir:
Excusez la rigueur qu'a voulu mon deuoir,
Adieu.

CLEANDRE au Preuost.

Vous auez fait le dû de vostre office.

SCENE V.

DORANTE, CLEANDRE, CLITON.

DORANTE à Cleandre.

MOn Caualier, pour vous ie me fais injustice,
Ie vous tiens pour braue homme, & vous cognoy fort bien,
Faites vostre deuoir comme i'ay fait le mien.

CLEANDRE.

Monsieur...

DORANTE.

Point de replique, on pourroit nous entendre.

CLEANDRE.

Sçachez donc seulement qu'on m'appelle Cleandre,
Que ie sçay mon deuoir, que i'en prendray soucy,
Et que ie periray pour vous tirer d'icy.

SCENE VI.

DORANTE, CLITON.

DORANTE.

N'Est-il pas vray, Cliton, que ç'eust esté dommage
De liurer au malheur ce genereux courage?
I'auois entre mes mains & sa vie & sa mort,
Et ie me viens de voir arbitre de son sort.

CLITON.

Quoy? c'est là donc, Monsieur...

DORANTE.

Oüy, c'est là le coulpable.

CLITON.

L'homme à vostre cheual?

DORANTE.

Rien n'est si veritable.

CLITON.

Ie ne sçais où i'en suis, & deuiens tout confus,
Ne m'auiez-vous pas dit que vous ne mentiez plus?

DORANTE.

I'ay veu sur son visage vn noble caractere
Qui me parlant pour luy m'a forcé de me taire,
Et d'vne voix cogneuë entre les gens de cœur
M'a dit qu'en le perdant ie me perdrois d'honneur,
I'ay crû deuoir mentir pour sauuer vn braue homme.

CLITON.

Et c'est ainsi, Monsieur, que l'on s'amende à Rome?
Ie me tiens au Prouerbe, ouy, courez, voyagez,
Ie veux estre Guenon si iamais vous changez,
Vous mentirez tousiours, Monsieur, sur ma parole,
Croyez moy que Poitiers est vne bonne escole,
Pour le bien du public ie le veux publier,
Les leçons qu'on y prend ne peuuent s'oublier.

DORANTE.

Ie ne ments plus, Cliton, ie t'en donne asseurance,
Mais en vn tel sujet l'occasion dispense.

CLITON.

Vous en prendrez autant comme vous en verrez,
Menteur vous voulez viure, & Menteur vous mourrez,
Et l'on dira de vous pour Oraison funebre:
C'estoit en menterie vn autheur tres-celebre,
Qui sçauoit les tailler de si digne façon

Qu'aux maiſtres du meſtier il en euſt fait leçon,
Et qui tant qu'il veſcut, ſans craindre aucune riſque,
Aux meilleurs d'apres luy pût donner quinze & biſque.

DORANTE.

Ie n'ay plus qu'à mourir, mon Epitaphe eſt fait,
Et tu m'erigeras en Caualier parfait.
Tu ferois violence à l'humeur la plus triſte:
Mais ſans plus badiner, va-t'en chercher Philiſte,
Donne-luy cette lettre, & moy, ſans plus mentir,
Auec les priſonniers j'iray me diuertir.

Fin du premier Acte.

ACTE II.

SCENE PREMIERE.

MELISSE, LYSE.

MELISSE tenant vne lettre ouuerte en sa main.

Certes il escrit bien, sa lettre est excellente.

LYSE.

Madame, sa personne est encor plus galante,
Tout est charmant en luy, sa grace, son maintien...

MELISSE.

Il semble que desia tu luy vueilles du bien?

LYSE.

I'en trouue, à dire vray, la rencontre si belle,
Que ie voudrois l'aimer si i'estois Demoiselle,

Il est riche, & de plus, il demeure à Paris,
Où des Dames, dit-on, est le vray Paradis,
Et ce qui vaut bien mieux que toutes ses richesses,
Les marys y sont bons, & les femmes maistresses,
Et ie pense, s'il faut ne vous déguiser rien,
Que si i'estois son fait, il seroit bien le mien.

MELISSE.

Tu n'es pas dégoustée. Enfin, Lyse, sans rire,
C'est vn homme bien-fait?

LYSE.

Plus que ie ne puis dire.

MELISSE.

A sa lettre il paroist qu'il a beaucoup d'esprit;
Mais dy-moy, parle-t'il aussi bien qu'il escrit?

LYSE.

Pour luy faire en discours monstrer son éloquence
Il luy faudroit des gens de plus de consequence,
C'est à vous d'éprouuer ce que vous demandez.

MELISSE.

Et que croit-il de moy?

LYSE.

Ce que vous luy mandez,
Que vous l'auez tantost veu par vostre fenestre,
Que vous l'aymez desia.

MELISSE.

Cela pourroit bien estre.

LYSE.

Sans l'auoir iamais veu?

MELISSE.

I'escris bien sans le voir.

LYSE.

Mais vous suiuez d'vn frere vn absolu pouuoir,
Qui vous ayant conté par quel bon-heur estrange
Il s'est mis à couuert de la mort de Florange,
Se sert de cette feinte en cachant vostre nom
Pour luy donner secours dedans cette prison,
Comme il y tient sa place, il fait ce qu'il doit faire.

MELISSE.

Ie n'écriuois tantost qu'à dessein de luy plaire,
Mais, Lyse, maintenant i'ay pitié de l'ennuy
D'vn homme si bien-fait qui souffre pour autruy,
Et par quelques motifs que ie vienne d'écrire,
Il est de mon honneur de ne m'en pas dédire;
La lettre est de ma main, elle parle d'amour,
S'il ne sçait qui ie suis, il peut l'apprendre vn iour,
Vn tel gage m'oblige à luy tenir parole,
Ce qu'on met par escrit passe vne amour friuole,
Puis qu'il a du merite on ne m'en peut blasmer,

Et

Et ie luy dois mon cœur s'il le daigne estimer.
Ie m'en forme en Idée vne Image si rare
Qu'elle pourroit gaigner l'ame la plus barbare,
L'amour en est le peintre, & ton rapport flateur
En fournit les couleurs à ce doux enchanteur.

LYSE.

Tout comme vous l'aimez vous verrez qu'il vous aime,
Si vous vous engagez il s'engage de mesme,
Et se forme de vous vn tableau si parfait
Que c'est lettre pour lettre, & portrait pour portrait.
Il faut que vostre amour plaisamment s'entretienne,
Il sera vostre Idée, & vous serez la sienne,
L'alliance est mignarde, & cette nouueauté
Sur tout dans vne lettre aura grande beauté,
Quand vous y souscrirez pour Dorante ou Melisse,
Vostre tres-humble Idée à vous rendre seruice.
Vous vous mocquez, Madame, & loing d'y consentir
Vous n'en parlez ainsi que pour vous diuertir.

MELISSE.

Ie ne me mocque point.

LYSE.

Et que fera, Madame,
Cét autre Caualier dont vous possedez l'ame,
Vostre amant?

MELISSE.

Qui?

LYSE.

Philiste.

MELISSE.

Ah! ne presume pas
Que son cœur soit sensible au peu que i'ay d'appas,
Il fait mine d'aimer, mais sa galanterie
N'est qu'vn amusement & qu'vne raillerie.

LYSE.

Il est riche, & parent des premiers de Lyon.

MELISSE.

Et c'est ce qui le porte à plus d'ambition.
S'il me voit quelquefois, c'est comme par surprise,
Dans ses ciuilitez on diroit qu'il méprise,
Qu'vn seul mot de sa bouche est vn rare bon-heur,
Et qu'vn de ses regards est vn excez d'honneur.
L'amour mesme d'vn Roy me seroit importune
S'il falloit la tenir à si haute fortune,
La sienne est vn tresor qu'il fait bien d'épargner,
L'auantage est trop grand, j'y pourrois trop gagner,
Il n'entre point chez nous, & quand il me rencontre,
Il semble qu'auec peine à mes yeux il se monstre,
Et prend l'occasion auec vne froideur

Qui craint en me parlant d'abaisser sa grandeur.

LYSE.

Peut-estre il est timide, & n'ose dauantage.

MELISSE.

S'il craint, c'est que l'amour trop auant ne l'engage,
Il voit souuent mon frere & ne parle de rien.

LYSE.

Mais vous le receuez, ce me semble, assez bien?

MELISSE.

Comme ie ne suis pas en amour des plus fines,
Faute d'autre i'en souffre, & ie luy rends ses mines,
Mais ie commence à voir que de tels cajoleurs
Ne font qu'effaroucher les partis les meilleurs,
Et ie m'ennuye enfin qu'auec cette grimace
D'vn veritable amant il occupe la place.

LYSE.

Ie l'ay vû pour vous voir faire beaucoup de tours.

MELISSE.

Qui l'empesche d'entrer & me voir tous les iours?
Sommes nous en Espagne, ou bien en Italie?

LYSE.

Les amoureux, Madame, ont chacun leur folie,
La sienne est de vous voir auec tant de respect
Qu'il passe pour superbe & vous deuient suspect;

Et la vostre, vn dégoust de cette retenuë
Qui vous fait mépriser la personne cognuë,
Pour donner vostre estime & chercher auec soin
L'amour d'vn incognu parce qu'il est de loin.

SCENE II.

CLEANDRE, MELISSE, LYSE.

CLEANDRE.

EN*uers ce prisonnier as-tu fait cette feinte,*
Ma sœur?

MELISSE.

Sans me cognoistre il me croit l'ame atteinte,
Que ie l'ay veu conduire en ce triste sejour,
Que ma lettre & l'argent sont des effets d'amour,
Et Lyse qui l'a veu m'en dit tant de merueilles
Qu'elle fait presque entrer l'amour par les oreilles.

CLEANDRE.

Ah! si tu sçauois tout!

MELISSE.

Elle ne laisse rien,

Elle en vante l'esprit, la taille, le maintien,
Le visage attrayant, & la façon modeste.

CLEANDRE.

Ah! que c'est peu de chose au prix de ce qui reste!

MELISSE.

Que reste-t'il à dire? vn courage inuaincu?

CLEANDRE.

C'est le plus genereux qui ait iamais vescu,
C'est le cœur le plus noble, & l'ame la plus haute...

MELISSE.

Quoy? vous voulez, mon frere, adjouster à sa faute?
Percer auec ces traits vn cœur qu'elle a blessé,
Et vous mesme acheuer ce qu'elle a commencé?

CLEANDRE.

Ma sœur, à peine sçay-je encor comme il se nomme,
Et ie sçay qu'on n'a veu iamais plus honneste homme,
Et que ton frere enfin periroit aujourd'huy
Si nous auions affaire à tout autre qu'à luy.
Quoy que nostre partie aye esté si secrete
Que i'en deusse esperer vne seure retraite,
Et que Florange & moy (comme ie t'ay conté)
De peur que ce duel ne peust estre euenté,
Sans prendre de seconds, l'eussions faite de sorte
Que sans armes chacun sortit par vne porte,

Que nous n'eußions ensemble esté veus de huict iours,
Que presque tout le monde ignorast nos amours,
Et que l'occasion me fut si fauorable
Que ie vis l'innocent saisi pour le coulpable;
(Ie croy te l'auoir dit, qu'il nous vint separer,
Et que sur son cheual ie sçeus me retirer.)
Comme ie me monstrois afin que ma presence
Donnast lieu d'en juger vne entiere innocence,
Sur vn bruit espandu que le defunt & moy
D'vne mesme beauté nous adorions la loy,
Vn Preuost soupçonneux me saisit dans la ruë,
Me méne au prisonnier, & m'expose à sa veuë,
Iuge quel trouble j'eus de me voir en ces lieux:
Ce Caualier me voit, m'examine des yeux,
Me recognoist, ie tremble encor à te le dire,
Mais apprens sa vertu, chere sœur, & l'admire.
Ce grand cœur se voyant mon destin en la main
Deuient pour me sauuer à soy-mesme inhumain,
Luy qui souffre pour moy sçait mon crime & le nie,
Dit que ce qu'on m'impute est vne calomnie,
Dépeint le criminel de toute autre façon,
Oblige le Preuost à sortir sans soupçon,
Me promet amitié, m'asseure de se taire,
Voilà ce qu'il a fait, voy ce que ie dois faire.

MELISSE.

L'aymer, le ſecourir, & tous deux aduoüer
Qu'vne telle vertu ne ſe peut trop loüer.

CLEANDRE.

Si ie l'ay plaint tantoſt de ſouffrir pour mon crime,
Cette pitié, ma ſœur, eſtoit bien legitime:
Mais ce n'eſt plus pitié, c'eſt obligation,
Et le deuoir ſuccede à la compaſſion.
Nos plus puiſſans ſecours ne ſont qu'ingratitude,
Donc à les redoubler mets toute ton eſtude,
Sous ce meſme pretexte, & ces déguiſements
Adjouſte à ton argent perles & diamants,
Qu'il ne manque de rien, & pour ſa deliurance
Ie vay de mes amis faire agir la puiſſance,
Que ſi tous leurs efforts ne le peuuent tirer
Pour m'acquiter vers luy i'iray me declarer.
Adieu, de ton coſté pren ſoucy de me plaire,
Et voy ce que tu dois à qui te ſauue vn frere.

MELISSE.

Ie vous obeyray tres-punctuellement.

SCENE III.

MELISSE, LYSE.

LYSE.

VOus pouuiez dire encor tres-volontairement,
Et la faueur du Ciel vous a bien conseruée
Si ces derniers discours ne vous ont acheuée.
Le party de Philiste a dequoy s'appuyer,
Ie n'en suis plus, Madame, il n'est bon qu'à noyer,
Il ne valut iamais vn cheueu de Dorante.
Ie puis vers la prison apprendre vne courante?

MELISSE.

Oüy, tu peux te resoudre encore à te crotter.

LYSE.

Quels de vos diamants me faut-il luy porter?

MELISSE.

Mon frere va trop viste, & sa chaleur l'emporte
Iusqu'à cognoistre mal des gens de cette sorte.
Aussi comme son but est different du mien,
Ie dois prendre vn chemin fort esloigné du sien,

Il est recognoissant, & ie suis amoureuse,
Il a peur d'estre ingrat, & ie veux estre heureuse,
A force de presents il se croit acquiter,
Mais le redoublement ne fait que rebuter,
Si le premier oblige vn homme de merite,
Le second l'importune & le reste l'irrite,
Et passé le besoin, quoy qu'on luy puisse offrir,
C'est vn accablement qu'il ne sçauroit souffrir.
L'amour est liberal, mais c'est auec adresse,
Le prix de ses presents est en leur gentillesse,
Et celuy qu'à Dorante exprés tu vas porter,
Ie veux qu'il le dérobe au lieu de l'accepter.
Escoute vne pratique assez ingenieuse.

LYSE.

Elle doit estre belle & fort mysterieuse.

MELISSE.

Au lieu des Diamants dont tu viens de parler
Auec quelques douceurs il faut le regaler,
Entrer sous ce pretexte, & trouuer quelque voye
Par où sans que i'y sois tu fasses qu'il me voye.
Porte luy mon portrait, & comme sans dessein
Fay qu'il puisse aisément le surprendre en ton sein,
Feins lors pour le r'auoir vn déplaisir extréme,
S'il le rend, c'en est fait, s'il le retient, il m'aime.

LYSE.

A vous dire le vray vous en sçauez beaucoup.

MELISSE.

L'amour est vn grand maistre, il instruit tout d'vn coup.

LYSE.

Il vient de vous donner de belles tablatures.

MELISSE.

Vien querir mon portrait auec des confitures,
Comme pourra Dorante en vser bien ou mal
Nous resoudrons apres touchant l'original.

SCENE IV.

PHILISTE, DORANTE, CLITON dans la prison.

DORANTE.

VOilà, mon cher amy, la veritable histoire
D'vne aduanture estrange & difficile à croire;
Mais puis que ie vous voy mon sort m'est assez doux.

PHILISTE.

L'aduanture est estrange, & bien digne de vous,

Et si ie n'en voyois la fin trop veritable,
I'aurois bien de la peine à la trouuer croyable,
Vous me seriez suspect si vous estiez ailleurs.

CLITON.

Ayez pour luy, Monsieur, des sentiments meilleurs,
Il s'est bien conuerty dans vn si long voyage,
C'est tout vn autre esprit sous le mesme visage,
Et tout ce qu'il debite est pure verité
S'il ne ment quelquefois par generosité.
C'est le mesme qui prit Clarice pour Lucrece,
Qui fit jaloux Alcippe auecque tant d'adresse,
Et malgré tout cela, le mesme toutefois
Depuis qu'il est icy n'a menty qu'vne fois.

PHILISTE.

En voudrois-tu jurer?

CLITON.

Oüy, Monsieur, & i'en jure
Par le Dieu des Menteurs dont il est creature,
Et s'il vous faut encor vn serment plus nouueau,
Par l'Hymen de Poitiers & le festin sur l'eau.

PHILISTE.

Laissant là ce badin, amy, ie vous confesse
Qu'il me souuient tousiours de vos traits de ieunesse,
Cent fois en cette ville aux meilleures maisons

I'en ay fait vn bon conte en déguisant les noms,
I'en ay ry de bon cœur, & i'en ay bien fait rire,
Et quoy que maintenant ie vous entende dire
Ma memoire tousiours me les vient presenter,
Et m'en fait vn rapport qui m'inuite à douter.

DORANTE.

Formez en ma faueur de plus saines pensées,
Ces petites humeurs sont aussi-tost passées,
Et l'air du monde change en bonnes qualitez
Ces teintures qu'on prend aux Vniuersitez.

PHILISTE.

Deslors à cela prés vous estiez en estime
D'auoir vne ame noble & grande & magnanime.

CLITON.

Ie le disois deslors, sans cette qualité
Vous n'eussiez pû iamais le payer de bonté.

DORANTE.

Ne te tairas-tu point?

CLITON.

Dis-je rien qu'il ne sçache,
Et fais-je à vostre nom quelque nouuelle tache?
N'estoit-il pas, Monsieur, auec Alcippe, & vous
Quand ce festin en l'air le rendit si jaloux?
Fut-il pas le témoin du conte que vous fistes?

Vous ſepara-t'il pas lors que vous vous batiſtes?
Et ſçait-il pas enfin les plus ruſez détours
Dont voſtre eſprit adroit bricola vos amours?

PHILISTE.

Amy, ce flux de langue eſt trop grand pour ſe taire,
Mais ſans plus l'écouter parlons de voſtre affaire.
Elle me ſemble aiſée, & i'oſe me vanter
Qu'aſſez facilement ie pourray l'emporter,
Ceux dont elle dépend ſont de ma cognoiſſance,
Et meſme à la pluſpart ie touche de naiſſance,
Le mort eſtoit d'ailleurs fort peu conſideré,
Et chez les gens d'honneur on ne l'a point pleuré.
Donc ſans perdre de temps ſouffrez que j'aille apprendre
Pour en venir à bout quel chemin il faut prendre.
Ne vous attriſtez point cependant en priſon,
On aura ſoin de vous comme en voſtre maiſon,
Le Concierge en a l'ordre, il tient de moy ſa place,
Et ſi-toſt que ie parle, il n'eſt rien qu'il ne faſſe.

DORANTE.

Ma joye eſt de vous voir, vous me l'allez rauir.

PHILISTE.

Ie prens congé de vous pour vous aller ſeruir,
Cliton diuertira voſtre melancolie.

SCENE V.

DORANTE, CLITON.

CLITON.

COmme va maintenant l'amour, ou la folie?
Cette Dame obligeante au visage inconnu
Qui s'empare des cœurs auec son reuenu,
Est-elle encore aimable? a-t'elle encor des charmes?
Par generosité luy rendrons-nous les armes?

DORANTE.

Cliton, ie la tiens belle, & m'ose figurer
Qu'elle n'a rien en soy qu'on ne puisse adorer.
Qu'en imagines-tu?

CLITON.

I'en fais des conjectures
Qui s'accordent fort mal auecque vos figures.
Vous payer par aduance & vous cacher son nom,
Quoy que vous presumiez ne marque rien de bon,
A voir ce qu'elle a fait, & comme elle procede
Ie jurerois, Monsieur, qu'elle est ou vieille ou laide,

Peut-estre l'vne & l'autre, & vous a regardé
Comme vn galand commode assez incommodé.

DORANTE.

Tu parles en brutal.

CLITON.

Vous en visionnaire,
Mais si ie disois vray, que pretendez-vous faire?

DORANTE.

Enuoyer & la Dame & les amours au vent.

CLITON.

Mais vous auez receu, quiconque prend, se vend.

DORANTE.

Quitte pour luy jetter son argent à la teste.

CLITON.

Le compliment est doux, & la défaite honneste.
Tout de bon à ce coup vous estes conuerty,
Ie le soustiens, Monsieur, le Prouerbe a menty:
Sans scrupule autrefois, témoin vostre Lucrece,
Vous emportiez l'argent, & quittiez la maistresse:
Mais Rome vous a fait si grand homme de bien,
Qu'à present vous voulez rendre à chacun le sien,
Vous vous estes instruit des cas de conscience.

DORANTE.

Tu m'embroüilles l'esprit faute de patience,

Deux ou trois iours peut-estre, vn peu plus, vn peu moins,
Esclairciront ce trouble & purgeront ces soins.
Tu sçais qu'on m'a promis que la beauté qui m'aime
Viendra me rapporter sa response elle-mesme,
Voy desia sa seruante, elle reuient.

CLITON.

Tant pis,
Deußiez-vous enrager, c'est ce que ie vous dis,
Si frequente ambassade & maistresse inuisible
Sont de ma conjecture vne preuue infaillible.
Voyons ce qu'elle veut, & si son passe-port
Est außi bien fourny comme au premier abord.

DORANTE.

Veux-tu qu'à tous moments il pleuue des pistoles?

CLITON.

Qu'auons-nous sans cela besoin de ses paroles?

SCENE

SCENE IV.

DORANTE, LYSE, CLITON.

DORANTE à Lyse.

IE ne t'esperois pas si soudain de retour.

LYSE.

Vous iugerez par là d'vn cœur qui meurt d'amour,
De vos ciuilitez ma maistresse est rauie,
Elle seroit venuë, elle en brusle d'enuie,
Mais vne compagnie au logis la retient,
Elle viendra bien-tost, & peut-estre elle vient,
Et ie me cognois mal à l'ardeur qui l'emporte
Si vous ne la voyez mesme auant que ie sorte.
Acceptez cependant quelque peu de douceurs
Fort propres en ces lieux à conforter les cœurs,
Les seches sont dessous, celles-cy sont liquides.

CLITON.

Les amours de tantost me sembloient plus solides.
Si tu n'as autre chose épargne mieux tes pas,
Cette inégalité ne me satisfait pas,

Nous auons le cœur bon, & dans nos aduantures
Nous ne fûmes iamais hommes à confitures.

LYSE.

Badin, qui te demande icy ton ſentiment?

CLITON.

Ah! tu me fais l'amour vn peu bien rudement.

LYSE.

Eſt-ce à toy de parler, que n'attens-tu ton heure?

DORANTE.

Sçaurons-nous cette fois ſon nom ou ſa demeure?

LYSE.

Non pas encor ſi-toſt.

DORANTE.

Mais te vaut-elle bien?
Parle-moy franchement & ne déguiſe rien.

LYSE.

A ce conte, Monſieur, vous me trouuez paſſable?

DORANTE.

Ie te trouue de taille, & d'eſprit agreable,
Tant de grace en l'humeur, & tant d'attrait aux yeux,
Qu'à te dire le vray ie ne voudrois pas mieux,
Elle me charmera pourueu qu'elle te vaille.

LYSE.

Ma maiſtreſſe n'eſt pas tout à fait de ma taille,

Mais elle me ſurpaſſe en eſprit, en beauté,
Autant & plus encor, Monſieur, qu'en qualité.

DORANTE.

Tu ſçais adroitement couler ta flaterie;
Que ce bout de ruban a de galanterie!
Ie veux le dérober, mais qu'eſt-ce qui le ſuit?

LYSE.

Rendez-le moy, Monſieur, i'ay haſte, il s'en va nuict.

DORANTE.

Ie verray ce que c'eſt.

LYSE.

C'eſt vne mignature.

DORANTE.

O le charmant portrait! l'adorable peinture!
Elle eſt faite à plaiſir?

LYSE.

Apres le naturel.

DORANTE.

Ie ne croy pas iamais auoir rien veu de tel.

LYSE.

Ces quatre Diamants dont elle eſt enrichie
Ont ſous eux quelque fueille ou mal nette, ou blanchie,
Et ie cours de ce pas y faire regarder.

DORANTE.

Et quel est ce portrait?

LYSE.

Le faut-il demander?
Voyez-vous pas que c'est ma maistresse elle-mesme?

DORANTE.

Qui, celle qui m'escrit?

LYSE.

Oüy, celle qui vous aime,
A l'aimer tant soit peu vous l'eussiez deviné.

DORANTE.

Vn si rare bon-heur ne m'est pas destiné,
Et tu me veux flatter par cette fausse joye.

LYSE.

Quand ie dis vray, Monsieur, i'entens que l'on me croye.
Mais ie m'amuse trop, l'Orféure est loing d'icy,
Donnez-moy, ie pers temps.

DORANTE.

Laisse-moy ce soucy,
Nous auons vn Orféure arresté pour ses debtes,
Qui sçaura tout remettre au point que tu souhaites.

LYSE.

Vous m'en donnez, Monsieur.

DORANTE.

Ie te le feray voir.

LYSE.

A-t'il la main fort bonne?

DORANTE.

Autant qu'on peut l'auoir.

LYSE.

Sans mentir?

DORANTE.

Sans mentir.

CLITON.

Il est trop ieune, il n'ose.

LYSE.

Ie voudrois bien pour vous faire icy quelque chose,
Mais vous le monstreriez.

DORANTE.

Non, à qui que ce soit.

LYSE.

Vous me ferez chasser si quelqu'autre le voit.

DORANTE.

Va, dors en seureté.

LYSE.

Mais enfin à quand rendre?

DORANTE.

Dés demain.

LYSE.

Demain donc ie le viendray reprendre,
Ie ne puis me resoudre à vous desobliger.

CLITON.

Elle se met pour vous en vn tres-grand danger.
Dirons-nous rien nous deux?

LYSE.

Non.

CLITON.

Comme tu méprises.

LYSE.

Ie n'ay pas le loisir d'entendre tes sottises.

CLITON.

Auec cette rigueur tu me feras mourir.

LYSE.

Peut-estre à mon retour ie te sçauray guerir,
Ie ne puis mieux pour l'heure, Adieu.

CLITON.

Tout me succede.

SCENE VII.

DORANTE, CLITON.

DORANTE.

Vien, Cliton, & regarde. Eſt-elle vieille, ou laide?
Voit-on des yeux plus vifs? voit-on des traits plus doux?

CLITON.

Ie ſuis vn peu moins dupe, & plus fuſté que vous.
C'eſt vn leurre, Monſieur, la choſe eſt toute claire,
Elle a fait tout du long les mines qu'il faut faire,
On amorce le monde auec de tels portraits,
Pour les faire ſurprendre on les apporte exprés,
On s'en fâche, on fait bruit, on vous les redemande,
Mais on tremble touſiours de peur qu'on ne les rende,
Et pour derniere adreſſe vne telle beauté
Ne ſe voit que de nuict & dans l'obſcurité,
De crainte qu'auſſi-toſt l'amour ne s'eſtropie
A voir l'original ſi loing de ſa copie.
Mais laiſſons ce diſcours qui vous peut ennuyer,

Vous feray-je venir l'Orféure prisonnier?

DORANTE.

Simple, n'as-tu point veu que c'estoit vne feinte?
Vn effet de l'amour dont mon ame est atteinte?

CLITON.

Bon, en voicy desia de deux en mesme iour,
Par deuoir d'honneste homme, & par effet d'amour.
Auec vn peu de temps nous en verrons bien d'autres,
Chacun a ses talents, & ce sont là les vostres.

DORANTE.

Tay-toy, tu m'estourdis auecque tes raisons,
Allons prendre vn peu d'air dans la court des prisons.

Fin du second Acte.

ACTE

ACTE III.

SCENE PREMIERE.

CLEANDRE, DORANTE, CLITON.

DORANTE.

IE vous en prie encor, discourons d'autre chose,
Et sur un tel sujet ayons la bouche close,
On peut nous escouter, & vous surprendre icy,
Et si vous vous perdez, vous me perdez aussi:
La parfaite amitié que pour vous i'ay conceuë,
Quoy qu'elle soit l'effet d'une premiere veuë,
Ioint mon peril au vostre, & les unit si bien
Qu'au cours de vostre sort elle attache le mien.

CLEANDRE.

N'ayez aucune peur, & sortez d'vn tel doute,
I'ay des gens là dehors qui gardent qu'on n'écoute,
Et ie vous puis parler en toute seureté
De ce que mon malheur doit à vostre bonté.
Si d'vn bien-fait si grand qu'on reçoit sans merite
Qui s'aduoüe insoluable aucunement s'acquite,
Pour m'acquiter vers vous autant que ie le puis
I'aduouë, & hautement, Monsieur, que ie le suis:
Mais si cette amitié par l'amitié se paye,
Ce cœur qui vous doit tout vous en rend vne vraye,
La vostre la deuance à peine d'vn moment,
Elle attache mon sort au vostre également,
Et l'on n'y trouuera que cette difference
Qu'en vous elle est faueur, en moy recognoissance.

DORANTE.

N'appellez point faueur ce qui fut vn deuoir,
Entre les gens de cœur il suffit de se voir,
Par vn effort secret de quelque sympatie
L'vn à l'autre aussi-tost vn certain nœud les lie,
Chacun d'eux sur son front porte écrit ce qu'il est,
Et quand on luy ressemble on prend son interest.

CLITON.

Par exemple, voyez, aux traits de ce visage

Mille Dames m'ont pris pour homme de courage,
Et si-tost que ie parle on deuine à demy
Que le sexe iamais ne fut mon ennemy.

CLEANDRE.

Cét homme a de l'humeur.

DORANTE.

C'est vn vieux Domestique
Qui, comme vous voyez, n'est pas melancolique.
A cause de son âge il se croit tout permis,
Il se rend familier auec tous mes amis,
Mesle par tout son mot, & iamais, quoy qu'on die,
Pour donner son aduis il n'attend qu'on le prie,
Souuent il importune, & quelquefois il plaist.

CLEANDRE.

I'en voudrois sçauoir vn de l'humeur dont il est.

CLITON.

Croyez qu'à le trouuer vous auriez grande peine,
Le monde n'en voit pas quatorze à la douzaine,
Et ie iurerois bien, Monsieur, en bonne foy
Qu'en France il n'en est point que Iodelet & moy.

DORANTE.

Voila de ses bons mots les graces plus exquises,
Mais qui parle beaucoup dit beaucoup de sottises,
Et quand il a dessein de se mettre en credit,

Plus il y fait d'effort, moins il sçait ce qu'il dit.

CLITON.

On appelle cela des vers à ma loüange.

CLEANDRE.

Presque insensiblement nous auons pris le change,
Mais reuenons, Monsieur, à ce que ie vous dois.

DORANTE.

Nous en pourrons parler encor quelqu'autre fois,
Il suffit pour ce coup.

CLEANDRE.

Ie ne sçaurois vous taire
En quel heureux estat se trouue vostre affaire.
Vous sortirez bien-tost, & peut-estre demain,
Mais vn si prompt secours ne vient pas de ma main,
Les amis de Philiste en ont trouué la voye,
I'en dois rougir de honte au milieu de ma joye,
Et ie ne sçaurois voir sans estre vn peu jaloux
Qu'il m'oste les moyens de rien faire pour vous.
Ie cede auec regret à cét amy fidelle,
S'il a plus de pouuoir il n'a pas plus de zéle,
Et vous m'obligerez au sortir de prison
De me faire l'honneur de prendre ma maison.
Ie n'attens point le temps de vostre deliurance
De peur qu'encor vn coup Philiste me deuance,

Comme il m'oste aujourd'huy l'espoir de vous seruir
Vous loger est vn bien que ie luy veux rauir.

DORANTE.

C'est vn excez d'honneur que vous me voulez rendre,
Et ie croirois faillir de m'en vouloir defendre.

CLEANDRE.

Ie vous en reprieray quand vous pourrez sortir,
Et lors nous tâcherons à vous bien diuertir,
Et vous faire oublier l'ennuy que ie vous cause;
Auriez-vous cependant besoin de quelque chose?
Vous estes voyageur, & pris par des Sergents,
Et quoy que ces Messieurs soient fort honnestes gens,
Il en est quelques-vns...

CLITON.

Les siens en sont du nombre,
Ils ont en le prenant pillé iusqu'à son ombre,
Et n'estoit que le Ciel a sçeu le soulager
Vous le verriez encor fort net & fort leger:
Mais comme ie pleurois ces tristes aduantures
Nous auons reçeu lettre, argent, & confitures.

CLEANDRE.

Et de qui?

DORANTE.

Pour le dire il faudroit deuiner,

Iugez ce qu'en ma place on peut s'imaginer.
Vne Dame m'écrit, me flatte, me regale,
Me promet vne amour qui n'eut iamais d'égale,
Me fait force presents....

CLEANDRE.

Et vous visite?

DORANTE.

Non.

CLEANDRE.

Vous sçauez son logis?

DORANTE.

Non pas mesme son nom.
Vous figurez-vous point ce que ce pourroit estre?

CLEANDRE.

A moins que de la voir ie ne la puis cognoistre.

DORANTE.

Pour vn si bon amy ie n'ay point de secret,
Voyez, cognoissez-vous les traits de ce portrait?

CLEANDRE.

Elle semble éueillée, & passablement belle,
Mais ie ne vous en puis dire aucune nouuelle,
Et ie ne cognois rien à ces traits que ie voy.
Ie vay vous preparer vne chambre chez moy.
Adieu.

SCENE II.

DORANTE, CLITON.

DORANTE.

Ce brusque Adieu marque un trouble dans l'ame,
Sans doute il la cognoist.

CLITON.

C'est peut-estre sa femme.

DORANTE.

Sa femme?

CLITON.

Oüy, c'est sans doute elle qui vous écrit,
Et vous venez de faire un coup de grand esprit.
Voila de vos secrets & de vos confidences.

DORANTE.

Nomme les par leur nom, dy de mes imprudences.
Mais seroit-ce en effet celle que tu me dis?

CLITON.

Envoyez vos portraits à de tels estourdis,

Ils gardent vn secret auec extréme adresse.
C'est sa femme, vous dis-je, ou du moins sa maistresse,
Ne l'auez-vous pas veu tout changé de couleur.

DORANTE.

Ie l'ay veu comme atteint d'vne viue douleur
Faire de vains efforts pour cacher sa surprise,
Son desordre, Cliton, monstre ce qu'il déguise,
Il a pris vn pretexte à sortir promptement
Sans se donner loisir d'vn mot de compliment.

CLITON.

Qu'il sera dangereux rencontrer sa colere?
Il va tout renuerser si l'on le laisse faire,
Et ie vous tiens pour mort si sa fureur se croit:
Mais sur tout ses valets peuuent bien marcher droit,
Malheureux le premier qui fâchera son maistre,
Pour autres cent Louys ie ne voudrois pas l'estre.

DORANTE.

La chose est sans remede, en soit ce qui pourra,
S'il fait tant le mauuais peut-estre on le verra.
Ce n'est pas qu'apres tout, Cliton, si c'est sa femme
Ie ne sçache estouffer cette naissante flame,
Ce seroit luy prester vn fort mauuais secours
De luy rauir l'honneur en conseruant ses iours,
D'vne belle action i'en ferois vne noire,

I'en ay fait mon amy; i'ay part dedans ſa gloire,
Et ie ne voudrois pas qu'on me pûſt reprocher
De ſeruir vn braue homme au prix d'vn bien ſi cher.

CLITON.

Et s'il eſt ſon amant?

DORANTE.

Puis qu'elle me prefere,
Ce que i'ay fait pour luy vaut bien qu'il me defere,
Sinon, il a du cœur, il en ſçait bien les loix,
Et ie ſuis reſolu de defendre ſon choix.
Tandis pour vn moment trefue de raillerie,
Ie veux entretenir vn peu ma reſuerie.

Il prend le portrait de Meliſſe.

Merueille qui m'as enchanté,
Portrait à qui ie rends les armes,
As-tu bien autant de bonté
Comme tu me fais voir de charmes?
Helas! au lieu de l'eſperer,
Ie ne fais que me figurer
Que tu te plains à cette belle,
Que tu luy dis mon procedé,
Et que ie te fus infidelle
Si-toſt que ie t'eus poſſedé.

Garde mieux le ſecret que moy,
Daigne en ma faueur te contraindre,
Si ie t'ay pû manquer de foy
C'eſt m'imiter que de t'en plaindre,
Ta colère en me puniſſant
Te fait criminel d'innocent,
Sur toy retombent tes vangeances.....

CLITON luy oſtant le pourtrait.

Vous ne dites, Monſieur, que des extrauagances,
Et parlez iuſtement le langage des fous,
Donnez, i'entretiendray ce portrait mieux que vous,
Ie veux vous en monſtrer de meilleures methodes,
Et luy faire des vœux plus courts, & plus commodes.
Adorable & riche beauté,
Qui joins les effets aux paroles,
Merueille qui m'as enchanté
Par tes douceurs & tes piſtoles:
Sçache vn peu mieux les partager,
Et ſi tu nous veux obliger
A dépeindre aux races futures
L'éclat de tes faits inouys,
Garde pour toy les confitures,
Et nous accable de Louys.
Voila parler en homme.

DORANTE.

Arreſte tes ſaillies,
Ou va du moins ailleurs debiter tes folies,
Ie ne ſuis pas touſiours d'humeur à t'écouter.

CLITON.

Et ie ne ſuis iamais d'humeur à vous flatter,
Ie ne vous puis ſouffrir de dire vne ſottiſe,
Par vn double intereſt ie prens cette franchiſe,
L'vn, vous eſtes mon maiſtre, & i'en rougis pour vous,
L'autre, c'eſt mon talent, & i'en deuiens jaloux.

DORANTE.

Si c'eſt là ton talent, ma faute eſt ſans exemple.

CLITON.

Ne me l'enuiez point, le voſtre eſt aſſez ample,
Et puis qu'en fin le Ciel m'a voulu departir
Le don d'extrauaguer comme à vous de mentir,
Comme ie ne ments point deuant voſtre Excellence
Ne dites à mes yeux aucune extrauagance,
N'entreprenez ſur moy, non plus que moy ſur vous.

DORANTE.

Tay-toy, le Ciel m'enuoye vn entretien plus doux,
L'Ambaſſade reuient.

CLITON.

Que nous apporte-t'elle.

DORANTE.

Maraut, veux-tu tousiours quelque douceur nouuelle?

CLITON.

Non pas, mais le passé m'a rendu curieux,
Ie luy regarde aux mains aussi-tost comme aux yeux.

SCENE III.

DORANTE, MELISSE déguisée en seruante, cachant son visage sous vne coiffe. CLITON, LYSE.

CLITON à Lyse.

Monstre ton passe-port. Quoy! tu viens les mains vuides!

Dorante. *Ainsi destruit le temps les choses plus solides,*
Et moins d'vn iour reduit tout vostre heur & le mien
Des Louys aux douceurs, & des douceurs à rien.

LYSE.

Si i'apportay tantost, à present ie demande.

DORANTE.

Que veux-tu?

LYSE.

Ce portrait qu'il faut que l'on me rende.

DORANTE.

As-tu pris du ſecours pour faire plus de bruit?

LYSE.

C'eſt ma ſœur que i'améne à cauſe qu'il fait nuict;
Mais vous penſez en vain chercher vne défaite,
Demandez-luy, Monſieur, quelle vie on m'a faite.

DORANTE.

Quoy, ta maiſtreſſe ſçait que tu me l'as laiſſé?

LYSE.

Elle s'en eſt doutée, & ie l'ay confeſſé.

DORANTE.

Elle s'en eſt donc miſe en colere?

LYSE.

Et ſi forte
Que ie n'oſe rentrer ſi ie ne le rapporte:
Si vous vous obſtinez à me le retenir
Ie ne ſçay dés ce ſoir, Monſieur, que deuenir,
Ma fortune eſt perduë, & dix ans de ſeruice.

DORANTE.

Eſcoute, il n'eſt pour toy choſe que ie ne fiſſe,
Si ie te nuis icy c'eſt auecque regret,
Mais on aura mon cœur auant que ce portrait.

Va dire de ma part à celle qui t'enuoye
Qu'il fait tout mon bon-heur, qu'il fait toute ma joye,
Que rien n'approcheroit de mon rauissement
Si ie le possedois de son consentement,
Qu'il est l'vnique bien où mon espoir se fonde,
Qu'il est le seul tresor qui me soit cher au monde,
Et quand à ta fortune, il est en mon pouuoir
De la faire monter par-de-là ton espoir.

LYSE.

Ie ne veux point de vous, ny de vos recompenses.

DORANTE.

Tu me dédaignes trop.

LYSE.

Ie le dois.

CLITON.

Tu l'offences,
Mais voulez-vous, Monsieur, me croire & vous vanger?
Rendez-luy son portrait pour la faire enrager.

LYSE.

O le grand habile homme! il y cognoit finesse.
C'est donc ainsi, Monsieur, que vous tenez promesse?
Mais puisqu'auprés de vous i'ay si peu de credit
Demandez à ma sœur ce qu'elle m'en a dit,

Et si c'est sans raison que i'ay tant l'épouuante.

DORANTE.

Tu verras que ta sœur sera plus obligeante:
Mais si ce grand couroux luy donne autant d'effroy
Ie feray tout autant pour elle que pour toy.

LYSE.

N'importe, parlez-luy, du moins vous sçaurez d'elle
Auec quelle chaleur i'ay pris vostre querelle.

DORANTE à Melisse.

Son ordre est-il si rude?

MELISSE.

Il est assez exprés,
Mais sans mentir, ma sœur vous presse vn peu de prés,
Quoy qu'elle ait commandé la chose a deux visages.

CLITON.

Comme toutes les deux iouënt leurs personnages.

MELISSE.

Souuent tout cét effort à r'auoir vn portrait
N'est que pour voir l'amour par l'estat qu'on en fait.
Que sçait-on si c'est point le dessein de Madame?
Ma sœur non plus que moy ne lit pas dans son ame,
Si i'estois que de vous ie voudrois hazarder,
Et de force ou de gré ie le sçaurois garder.
Si vous l'aimez, Monsieur, croyez qu'en son courage

Elle vous aime assez pour vous laisser ce gage;
Ce seroit vous traiter auec trop de rigueur
Puisqu'auant ce portrait on aura vostre cœur,
Et ie la trouuerois d'vne humeur bien estrange
Si ie ne luy faisois accepter cét échange,
Ie l'entreprens pour vous, & vous respondray bien
Qu'elle aimera ce gage autant comme le sien.

DORANTE.

O Ciel! & de quel nom faut-il que ie te nomme?

CLITON.

Ainsi font deux soldats logez chez le bon-homme,
Quand l'vn veut tout tuer l'autre rabat les coups,
L'vn jure comme vn Diable, & l'autre file doux.
Les belles, n'en déplaise à tout vostre grimoire,
Vous vous entr'entendez comme larrons en foire.

MELISSE.

Que dit cét insolent?

DORANTE.

C'est vn fou qui me sert.

CLITON.

Vous dites que...

DORANTE à Cliton.

Tay-toy, ta sottise me perd;

Melisse. Ie suiuray ton conseil, il m'a rendu la vie.

LYSE.

LYSE.

Auec ſa complaiſance à flatter voſtre enuie,
Dans le cœur de Madame elle croit penetrer,
Mais ſon front en rougit & n'oſe ſe monſtrer.

MELISSE ſe découurant.

Mon front n'en rougit point, & ie veux bien qu'il voye,
D'où luy vient ce conſeil qui luy rend tant de joye.

DORANTE.

Mes yeux, que voy-ie ? où ſuis-je ? eſtes vous des flateurs?
Si le portrait dit vray, les habits ſont menteurs,
Madame, c'eſt ainſi que vous ſçauez ſurprendre !

MELISSE.

C'eſt ainſi que ie tâche à ne me point méprendre,
A voir ſi vous m'aimez, & ſçauez meriter
Cette parfaite amour que ie vous veux porter.
Ce portrait eſt à vous, vous l'auez ſçeu deffendre,
Et ſur l'original vous pouuez tout pretendre,
Mais par quelque motif que vous l'euſſiez rendu
L'vn & l'autre à iamais eſtoit pour vous perdu,
Ie retirois mon cœur en retirant ce gage,
Et vous n'euſſiez de moy iamais veu que l'image.
Voilà le vray ſujet de mon déguiſement,
Pour ne rien hazarder i'ay pris ce veſtement,

Pour entrer ſans ſoupçon, pour en ſortir de meſme,
Et ne me point monſtrer qu'ayant veu ſi l'on m'aime.

DORANTE.

Ie demeure immobile, & pour vous repliquer
Ie pers la liberté meſme de m'expliquer:
Surpris, charmé, confus d'vne telle merueille,
Ie ne ſçay ſi ie dors, ie ne ſçay ſi ie veille,
Ie ne ſçay ſi ie vis, & ie ſçay toutefois
Que ma vie eſt trop peu pour ce que ie vous dois,
Que tous mes iours vſez deſſous voſtre ſeruice,
Que tout mon ſang pour vous offert en ſacrifice,
Que tout mon cœur brûlé d'amour pour vos appas
Enuers voſtre beauté ne m'acquiteroient pas.

MELISSE.

Sçachez pour arreſter ce diſcours qui me flate
Que ie n'ay pû moins faire à moins que d'eſtre ingrate,
Vous auez fait pour moy plus que vous ne ſçauez,
Et ie vous dois bien plus que vous ne me deuez.
Vous m'entendrez vn iour, à preſent ie vous quitte,
Et malgré mon amour ie romps cette viſite,
Le ſoin de mon honneur veut que i'en vſe ainſi,
Ie crains à tous moments qu'on me ſurprenne icy,
Encor que déguiſée on pourroit me cognoiſtre.
Ie vous puis cette nuict parler par ma feneſtre,

Du moins si le Concierge est homme à consentir
A force de presents que vous puissiez sortir,
Vn peu d'argent fait tout chez les gens de sa sorte.

DORANTE.

Ie le sçay, mais Madame, en cas que ie l'emporte,
Où vous dois-je chercher?

MELISSE.

Ayant sçeu la maison
Vous pourriez aisément vous informer du nom,
Encor vn iour ou deux il me faut vous le taire:
Mais vous n'estes pas homme à me vouloir déplaire.
Ie loge en Bellecour, enuiron au milieu,
Dans vn grand pauillon. N'y manquez pas. Adieu.

DORANTE.

Donnez quelque signal pour plus certaine adresse.

LYSE.

Vn linge seruira de marque plus expresse,
I'en prendray soin.

MELISSE.

On ouure, & quelqu'vn vous vient voir,
Si vous m'aimez, Monsieur....

Elles rabaissent toutes de leur coif

DORANTE.

Ie sçay bien mon deuoir,
Sur ma discretion prenez toute asseurance.

SCENE IV.

PHILISTE, DORANTE, CLITON, MELISSE, LYSE qui s'écoulent incontinent.

PHILISTE.

AMy, nostre bon-heur passe nostre esperance.
Vous auez compagnie! Ah, voyons s'il vous plaist.

DORANTE.

Laissez-les s'écouler, ie vous diray qui c'est.
Ce n'est qu'vne lingere, allant en Italie
Ie la vis en passant & la trouuay jolie,
Nous fismes cognoissance, & me sçachant icy,
Comme vous le voyez, elle en a pris soucy.

PHILISTE.

Vous trouuez en tous lieux d'assez bonnes fortunes.

DORANTE.

Celle-cy pour le moins n'est pas des plus communes.

PHILISTE.

Elle vous semble belle, à ce conte?

DORANTE.

A rauir.

PHILISTE.

Ie n'en suis point jaloux.

DORANTE.

M'y voulez-vous seruir?

PHILISTE.

Ie suis trop mal adroit pour vn si noble roolle.

DORANTE.

Vous n'auez seulement qu'à dire vne parole.

PHILISTE.

Qu'vne?

DORANTE.

Non, cette nuict i'ay promis de la voir,
Seur que vous obtiendrez mon congé pour ce soir,
Le Concierge est à vous.

PHILISTE.

C'est vne affaire faite.

DORANTE.

Quoy, vous me refusez vn mot que ie souhaite?

PHILISTE.

L'ordre, tout au contraire, en est desia donné,

Et vostre esprit trop prompt n'a pas bien deuiné.
Comme ie vous quittois auec peine à vous croire
Quatre de mes amis m'ont conté vostre histoire,
Ils marchoient apres vous deux ou trois mille pas,
Ils vous ont veu courir, tomber le mort à bas,
L'autre vous demonter & fuir en diligence,
Ils ont veu tout cela de sur vne eminence,
Et n'ont cognû personne estant trop éloignez;
Voila, quoy qu'il en soit, tous nos procez gagnez,
Et plustost de beaucoup que ie n'osois pretendre:
Ie n'ay point perdu de temps, & les ay fait entendre,
Si bien que sans chercher d'autre éclaircissement
Vos Iuges m'ont promis vostre élargissement.
Mais quoy qu'il soit constant qu'on vous prend pour vn autre,
Il faudra caution, & ie seray la vostre,
Ce sont formalitez que la Iustice veut,
Autrement, disent-ils, l'affaire ne se peut,
Mais ie croy qu'ils en font ainsi que bon leur semble;
Tandis ce soir chez moy nous souperons ensemble,
Dans vn moment ou deux vous y pourrez venir,
Nous aurons tout loisir de nous entretenir,
Et vous prendrez le temps de voir vostre lingere.
Ils m'ont dit toutefois qu'il seroit necessaire

De coucher pour la forme vn moment en priſon,
Et m'en ont ſur le champ rendu quelque raiſon,
Mais c'eſt ſi peu mon jeu que de telles matieres
Que i'en pers auſsi-toſt les plus belles lumieres.
Vous ſortirez demain, il n'eſt rien de plus vray,
C'eſt tout ce que i'en aime, & tout ce que i'en ſçay.

DORANTE.

Que ne vous dois-je point pour de ſi bons offices!

PHILISTE.

Amy, ce ne ſont là que de petits ſeruices,
Ie voudrois pouuoir mieux, tout me ſeroit fort doux;
Ie vay chercher du monde à ſouper auec vous,
Adieu, ie vous attends au plus tard dans vne heure.

SCENE V.

DORANTE, CLITON.

DORANTE.

T*V ne dis mot, Cliton.*

CLITON.

Elle eſt belle, ou ie meure.

DORANTE.

Elle te ſemble belle?

CLITON.

Et ſi parfaitement
Que i'en ſuis meſme encor dans le rauiſſement,
Encor dans mon eſprit ie la vois & l'admire,
Et ie n'ay ſçeu depuis trouuer le mot à dire.

DORANTE.

Vrayment, ie ſuis rauy que mon élection
Ait enfin merité ton approbation.

CLITON.

Ah, pleuſt à Dieu, Monſieur, que ce fuſt la ſer-
uante!
Vous verriez comme quoy ie la trouue charmante,
Et comme pour l'aimer ie ſerois le mutin.

DORANTE.

Admire en cét amour la force du Deſtin.

CLITON.

I'admire bien pluſtoſt voſtre adreſſe ordinaire
Qui change en vn moment cette Dame en lingere.

DORANTE.

C'eſtoit neceſſité dans cette occaſion
De crainte que Philiſte euſt quelque viſion,
S'en formaſt quelque Idée, & la puſt recognoiſtre.

CLITON.

CLITON.

Cette Metamorphose est de vos coups de maistre.
Ie n'en parleray plus, Monsieur, que cette fois,
Mais en vn demy iour contez desia pour trois:
Vn coulpable honneste homme, vn portrait, vne Dame,
A son premier mestier rendent soudain vostre ame,
Et vous sçauez mentir par generosité,
Par adresse d'amour, & par necessité.
Quelle conuersion!

DORANTE.

Tu fais bien le seuere.

CLITON.

Non non, à l'aduenir ie fais vœu de m'en taire,
I'aurois trop à conter.

DORANTE.

Conseruer vn secret.
Ce n'est pas tant mentir qu'estre amoureux discret,
L'honneur d'vne maistresse aisément y dispose.

CLITON.

Ce n'est qu'autre pretexte & non pas autre chose,
Croyez moy, vous mourrez, Mõsieur, dans vostre peau,
Et vous meriterez cét illustre tombeau,
Cette digne Oraison que i'auois tantost faite,
Vous vous en souuenez sans que ie la repete.

DORANTE.

Pour de pareils sujets peut-on s'en garantir?
Et toy-mesme à ton tour penses-tu point mentir?
L'occasion conuie, aide, engage, dispense,
Et pour seruir vn autre on ment sans qu'on y pense.

CLITON.

Si vous m'y surprenez, estrillez-y moy bien.

DORANTE.

Allons trouuer Philiste & ne jurons de rien.

Fin du troisiéme Acte.

ACTE IV.

SCENE PREMIERE.

MELISSE, LYSE.

MELISSE.

IEn tremble encor de peur, & n'en suis pas remise.

LYSE.

Aussi bien comme vous ie pensois estre prise.

MELISSE.

Non, Philiste n'est fait que pour m'incommoder,
Voyez ce qu'en ces lieux il venoit demander,
S'il est heure si tard de faire vne visite.

LYSE.

Vn amy veritable à toute heure s'acquite,

Mais vn amant fâcheux, soit de iour, soit de nuict,
Tousiours à contre-temps son malheur le produit,
Et depuis qu'vne fois il commence à déplaire
Il ne manque iamais d'occasion contraire,
Tant son mauuais destin semble prendre de soings
A méler sa presence où l'on la veut le moins.

MELISSE.

Quel desordre eust-ce esté, Lyse, s'il m'eust cognuë?

LYSE.

Il vous eut fort auant donné dedans la veuë.

MELISSE.

Quel bruit, & quel éclat n'eut point fait son couroux?

LYSE.

Il eust esté peut-estre aussi honteux que vous.
Vn homme vn peu content & qui s'en fait accroire
Se voyant méprisé rabat bien de sa gloire,
Et surpris qu'il en est en telle occasion
Toute sa vanité tourne en confusion.
Quand il a de l'esprit il sçait rendre le change,
Loin de s'en émouuoir en raillant il se vange,
Affecte des mépris, comme pour reprocher
Que la perte qu'il fait ne vaut pas s'en fâcher,
Tant qu'il peut il témoigne vne ame indifferente;
Quoy qu'il en soit enfin, vous auez veu Dorante,

Et fort adroitement ie vous ay mise en jeu.

MELISSE.

Et fort adroitement tu m'as fait voir son feu.

LYSE.

Et bien, mais que vous semble encor du personnage?
Vous en ay-je trop dit?

MELISSE.

I'en ay veu dauantage.

LYSE.

Auez-vous du regret d'auoir trop hazardé?

MELISSE.

Ie n'ay qu'vn déplaisir d'auoir si peu tardé.

LYSE.

Vous l'aimez?

MELISSE.

Ie l'adore.

LYSE.

Et croyez qu'il vous aime?

MELISSE.

Qu'il m'aime, & d'vne amour cõme la mienne extréme.

LYSE.

Vne premiere veuë, vn moment d'entretien
Vous font ainsi tout croire, & ne douter de rien?

MELISSE.

Quand les ordres du Ciel nous ont fait l'vn pour l'autre,
Lyse, c'est vn amour bien-tost fait que le nostre,
Sa main entre les cœurs par vn secret pouuoir
Seme l'intelligence auant que de se voir,
Il prepare si bien l'amant & la maistresse
Que leur ame au seul nom s'émeut & s'interesse,
On s'estime, on se cherche, on s'aime en vn moment,
Tout ce qu'on s'entre-dit persuade aisément,
Et sans s'inquieter de mille peurs friuoles
La foy semble courir au deuant des paroles,
La langue en peu de mots en explique beaucoup,
Les yeux plus éloquents font tout voir tout d'vn coup,
Et dequoy qu'à l'enuy tous les deux nous instruisent
Le cœur en entend plus que tous les deux n'en disent.

LYSE.

Si, comme dit Syluandre, vne ame en se formant,
Ou descendant du Ciel, prend d'vn autre l'aimant,
La sienne a pris le vostre & vous a rencontrée.

MELISSE.

Quoy, tu lis les Romants?

LYSE.

Ie puis bien lire Astrée,
Ie suis de son village, & i'ay de bons garands

Qu'elle & son Celadon estoient de mes parents.

MELISSE.

Quelle preuue en as-tu?

LYSE.

Ce vieux Saule, Madame,
Où chacun d'eux cachoit ses lettres & sa flame,
Quand le jaloux Semyre en fit vn faux témoin
Du pré de mon grand-pere il fait encor le coin,
Et l'on m'a dit que c'est vn infaillible signe
Que d'vn si rare Hymen ie viens en droite ligne.
Vous ne m'en croyez pas.

MELISSE.

De vray c'est vn grand point.

LYSE.

Aurois-je tant d'esprit si cela n'estoit point?
D'où viendroit cette adresse à faire vos messages,
A joüer auec vous de si bons personnages,
Ce tresor de lumiere & de viuacité
Que d'vn sang amoureux que i'ay d'eux herité?

MELISSE.

Tu le disois tantost, chacun a sa folie,
Les vns l'ont importune, & la tienne est jolie.

SCENE II.

CLEANDRE, MELISSE, LYSE.

CLEANDRE.

Ie viens d'auoir querelle auec ce prisonnier.

MELISSE.

Auec?

CLEANDRE.

Auec Dorante.

MELISSE.

Auec ce Caualier,
Dont vous tenez l'honneur, dont vous tenez la vie?
Qu'auez-vous fait?

CLEANDRE.

Vn coup dont tu seras rauie.

MELISSE.

Qu'à cette lâcheté ie pusse consentir!

CLEANDRE.

Bien plus, tu m'aideras à le faire mentir.

MELISSE.

MELISSE.

Ne le presumez pas, quelque espoir qui vous flate,
Si vous estes ingrat, ie ne puis estre ingrate.

CLEANDRE.

Tu t'en fâches, ma sœur!

MELISSE.

Ie m'en fâche pour vous,
D'vn mot il vous peut perdre, & ie crains son couroux.

CLEANDRE.

Il est trop genereux, & puis nostre querelle
Dans les termes qu'elle est n'est pas si criminelle.
Escoute. Nous parlions des Dames de Lyon,
Elles sont assez mal en son opinion,
Il confesse de vray qu'il a peu veu la ville,
Mais il se l'imagine en beautez fort sterile,
Et ne peut se resoudre à croire qu'en ces lieux
La plus belle ait dequoy suborner de bons yeux:
Pour l'honneur du pays i'en nomme trois ou quatre,
Mais à moins que de voir il n'en veut rien rabatre,
Et comme il ne le peut estant dans la prison
I'ay crû par vn portrait le mettre à la raison,
Et sans chercher plus loin ces beautez qu'on admire
Ie ne veux que le tien pour le faire dédire,
Me le dénieras-tu, ma sœur, pour vn moment?

M

MELISSE.

Vous me joüez, mon frere, assez accortement,
La querelle est adroite & bien imaginée.

CLEANDRE.

Non, ie m'en suis vanté, ma parole est donnée.

MELISSE.

S'il faut ruser icy i'en sçais autant que vous,
Et vous serez bien fin si ie ne romps vos coups,
Vous pensez me surprendre, & ie n'en fais que rire,
Dites donc tout d'vn coup ce que vous voulez dire.

CLEANDRE.

Et bien, ie viens de voir ton portrait en ses mains.

MELISSE.

Et c'est ce qui vous fache.

CLEANDRE.

Et c'est dont ie me plains.

MELISSE.

I'ay creu vous obliger, & l'ay fait pour vous plaire,
Vostre ordre estoit exprez.

CLEANDRE.

Quoy? ie te l'ay fait faire?

MELISSE.

Ne m'auez-vous pas dit, sous ces déguisements
Adiouste à ton argent perles & diamants?

Ce ſont vos propres mots & vous en eſtes cauſe.

CLEANDRE.

Et quoy, de ce portrait diſent-ils quelque choſe?

MELISSE.

Puiſqu'il eſt enrichy de quatre diamants
N'eſt-ce pas obeyr à vos commandemens?

CLEANDRE.

C'eſt fort bien expliquer le ſens de mes prieres,
Mais, ma ſœur, ces faueurs ſont vn peu ſingulieres,
Qui donne le portrait promet l'original.

MELISSE.

C'eſt encore voſtre ordre, ou ie le conçois mal.
Ne m'auez-vous pas dit, prens ſoucy de me plaire,
Et voy ce que tu doibs à qui te ſauue vn frere?
Puiſque vous luy deuez & la vie & l'honneur
Pour vous en reuancher dois-je moins que mon cœur,
Et doutez-vous encor à quel point ie vous aime,
Quand pour vous acquiter ie me donne moy-meſme?

CLEANDRE.

Certes, pour m'obeyr auec plus de chaleur
Vous donnez à mon ordre vne eſtrange couleur,
Et prenez vn grand ſoin de bien payer mes debtes,
Non que mes volontez en ſoient mal ſatisfaites,

Loin d'eſteindre ce feu ie voudrois l'allumer,
Qu'il euſt dequoy vous plaire, & vouluſt vous aimer,
Ie tiendrois à bon-heur de l'auoir pour beau-frere,
I'en cherche les moyens, j'y fais ce qu'on peut faire,
Et c'eſt à ce deſſein qu'au ſortir de priſon
Ie le viens d'obliger à prendre la maiſon,
Afin que l'entretien produiſe quelques flames
Qui forment doucement l'vnion de vos ames:
Mais vous ſçauez trouuer des chemins plus aiſez,
Sans ſçauoir s'il vous plaiſt, ny ſi vous luy plaiſez,
Vous penſez l'engager auecque de tels gages,
Et luy donnez ſur vous de trop grands auantages.
Que ſera-ce, ma ſœur, ſi quand vous le verrez
Vous n'y rencontrez pas ce que vous eſperez,
Si quelque auerſion vous prend pour ſon viſage,
Si le voſtre le choque, ou qu'vn autre l'engage,
Et que de ce portrait donné legerement
Il erige vn trophée à quelque objet charmant?

MELISSE.

Sans l'auoir iamais veu ie cognois ſon courage.
Qu'importe apres cela quel en ſoit le viſage?
Tout le reſte m'en plaiſt ſi le cœur en eſt haut,
Et ſi l'ame eſt parfaite, il n'a point de defaut.

Adjoustez que vous-mesme apres vostre aduanture
Ne m'en auez pas fait vne laide peinture,
Et comme vous deuez vous y cognoistre mieux,
Ie m'en rapporte à vous, & choisis par vos yeux.
N'en doutez nullement, ie l'aimeray, mon frere,
Et si ces foibles traits n'ont pas dequoy luy plaire,
S'il aime en autre lieu, n'en apprehendons rien,
Puisqu'il est genereux il en vsera bien.

CLEANDRE.

Quoy qu'il en soit, ma sœur, soyez plus retenuë
Alors qu'à tous moments vous serez à sa veuë,
Vostre amour me rauit, ie la veux couronner,
Mais souffrez qu'il se donne auant que vous donner.
Il sortira demain, n'en soyez point en peine,
Adieu, ie vais vne heure entretenir Clymene.

SCENE III.

MELISSE, LYSE.

LYSE.

Vous en voila défaite & quitte à bon marché.
Encor est-il traitable alors qu'il est fâché,
Sa colere a pour vous une douce methode,
Et sur la remonstrance il n'est pas incommode.

MELISSE.

Aussi qu'ay-je commis pour en donner sujet?
Me ranger à son choix sans sçauoir son projet,
Deuiner sa pensée, obeyr par aduance
Sont-ce, Lyse, enuers luy des crimes d'importance?

LYSE.

Obeyr par aduance est vn jeu delicat
Dont tout autre que luy feroit vn mauuais plat.
Mais ce nouuel amant dont vous faites vostre ame
Auec vn grand secret ménage vostre flame,
Deuoit-il exposer ce portrait à ses yeux?
Ie le tiens indiscret.

MELISSE.

Il n'eſt que curieux,
Et ne monſtreroit pas ſi grande impatience
S'il me conſideroit auec indifference,
Outre qu'vn tel ſecret peut ſouffrir vn amy.

LYSE.

Mais vn homme qu'à peine il cognoiſt à demy?

MELISSE.

Mon frere luy doit tant qu'il a lieu d'en attendre
Tout ce que d'vn amy tout autre peut pretendre.

LYSE.

L'amour excuſe tout dans vn cœur enflamé,
Et tout crime eſt leger dont l'autheur eſt aimé,
Ie ſerois plus ſeuere, & tiens qu'à iuſte tiltre
Vous luy pouuez tantoſt en faire vn bon chapitre.

MELISSE.

Ne querellons perſonne, & puiſque tout va bien
De crainte d'auoir pis ne nous plaignons de rien.

LYSE.

Que vous auez de peur que le marché n'échape!

MELISSE.

Auecque tes façons que veux-tu que j'attrape?
Ie poſſede ſon cœur, ie ne veux rien de plus,
Et ie perdrois le temps en debats ſuperflus.

Quelquefois en amour trop de finesse abuse,
S'excusera-t'il mieux que le mien ne l'excuse ?
Allons, allons l'attendre, & sans en murmurer
Ne pensons qu'aux moyens de nous en asseurer.

LYSE.

Vous ferez-vous cognoistre?

MELISSE.

Oüy, s'il sçait de mon frere
Ce que iusqu'à present i'auois voulu luy taire,
Sinon, quand il viendra prendre son logement
Il se verra surpris plus agreablement.

SCENE IV.

DORANTE, PHILISTE, CLITON.

DORANTE.

ME reconduire encor ! cette ceremonie
D'entre les vrais amis deuroit estre bannie.

PHILISTE.

Iusques en Bellecour ie vous ay reconduit
Pour voir vne maistresse en faueur de la nuict,

Le

Le temps est assez doux, & ie la voy paroistre
En de semblables nuicts souuent à la fenestre.
I'attendray le hazard vn moment en ce lieu,
Et vous laisse aller voir vostre lingere, Adieu.

DORANTE.

Que ie vous laisse icy de nuict sans compagnie!

PHILISTE.

C'est faire à vostre tour trop de ceremonie,
Peut-estre qu'à Paris j'aurois besoin de vous,
Mais ie ne crains icy ny riuaux, ny Filoux.

DORANTE.

Amy, pour des riuaux, chaque iour en fait naistre;
Vous en pouuez auoir & ne les pas cognoistre,
Ce n'est pas que ie vueille entrer dans vos secrets,
Mais nous nous tiendrons loin en confidents discrets,
I'ay du loisir assez.

PHILISTE.

Si l'heure ne vous presse
Vous sçaurez mon secret touchant cette maistresse,
Elle demeure, amy, dans ce grand pauillon.

CLITON bas.

Tout se prepare mal à cét échantillon.

DORANTE.

Est-ce où ie pense voir vn linge qui voltige?

PHILISTE.

Iustement.

DORANTE.

Elle est belle?

PHILISTE.

Assez.

DORANTE.

Et vous oblige?

PHILISTE.

Ie ne sçaurois encor., s'il faut tout aduoüer,
Ny m'en plaindre beaucoup, ny beaucoup m'en loüer,
Son accueil n'est pour moy ny trop doux , ny trop rude,
Il est & sans faueur & sans ingratitude,
Et ie la vois tousiours dedans vn certain point
Qui ne me chasse pas & ne l'engage point.
Mais ie me trompe fort ou sa fenestre s'ouure.

DORANTE.

Ie me trompe moy-mesme ou quelqu'vn s'y découure.

PHILISTE.

I'auance, approchez vous, mais sans suiure mes pas,
Et prenez vn détour qui ne vous monstre pas,
Vous jugerez quel fruict ie puis esperer d'elle,
Pour Cliton, il peut faire icy la sentinelle.

DORANTE.

Que me vient-il de dire, & qu'est-ce que ie voy?
Cliton, sans doute il aime en mesme lieu que moy.
O Ciel! que mon bon-heur est de peu de durée.

CLITON.

S'il prend l'occasion qui vous est preparée
Vous pouuez disputer auec vostre valet
A qui mieux de vous deux gardera le mulet.

DORANTE.

Que de confusion & de trouble en mon ame!

CLITON.

Allez prester l'oreille aux discours de la Dame,
Au bruit que ie feray prenez bien vostre temps,
Et nous luy donnerons de iolis passe-temps. Dorante auprés Philiste.

SCENE V.

MELISSE, LYSE à la fenestre. PHILISTE, DORANTE, CLITON.

MELISSE.

Est-ce vous?

PHILISTE.

Oüy, Madame.

MELISSE.

Ah! que ie suis rauie!
Que mon sort cette nuict deuient digne d'enuie!
Certes ie n'osois plus esperer ce bon-heur.

PHILISTE.

Manquerois-je à venir où i'ay laissé mon cœur?

MELISSE.

Qu'ainsi ie sois aimée, & que de vous j'obtienne
Vne amour si parfaite & pareille à la mienne!

PHILISTE.

Ah! s'il en est besoin, i'en jure, & par vos yeux,

MELISSE.

Vous reuoir en ce lieu me persuade mieux,
Et sans autre serment cette seule visite
M'asseure d'vn bon-heur qui passe mon merite.

CLITON.

A l'aide.

MELISSE.

I'oy du bruit.

CLITON.

A la force, au secours.

PHILISTE.

C'est quelqu'vn qu'on maltraite, excusez si i'y cours,
Madame ie reuien.

CLITON s'éloignant tousiours derriere le theatre.

On m'égorge, on me tuë.
Au meurtre.

PHILISTE.

Il est desia dans la prochaine ruë.

DORANTE.

C'est Cliton, retournez, il suffira de moy.

PHILISTE.

Ie ne vous quitte point, allons. Ils sortent tous deux.

MELISSE.

Ie meurs d'effroy.

CLITON derriere le theatre.

Ie ſuis mort.

MELISSE.

Vn riual luy fait cette ſurpriſe.

LYSE.

C'eſt pluſtoſt quelque yurongne, ou quelqu'autre ſottiſe
Qui ne meritoit pas rompre voſtre entretien.

MELISSE.

Tu flattes mes deſirs.

SCENE VI.

DORANTE, MELISSE, LYSE.

DORANTE.

Madame, ce n'eſt rien,
Des marauts dont le vin embroüilloit la ceruelle
Vuidoient à coups de poin vne vieille querelle,
Ils eſtoient trois contre vn, & le pauure batu
A crier de la ſorte exerçoit ſa vertu.
Si Cliton m'entendoit il conteroit pour quatre.

MELISSE.

Vous n'auez donc point eu d'ennemis à combatre.

DORANTE.

Vn coup de plat d'espée a tout fait écouler.

MELISSE.

Ie mourois de frayeur vous y voyant aller.

DORANTE.

Que Philiste est heureux ! qu'il doit aimer la vie !

MELISSE.

Vous n'auez pas sujet de luy porter enuie.

DORANTE.

Vous luy parliez n'agueres en termes assez doux.

MELISSE.

Ie pense d'aujourd'huy n'auoir parlé qu'à vous.

DORANTE.

Vous ne luy parliez pas auant tout ce vacarme,
Vous ne luy disiez pas, que son amour vous charme,
Qu'aucuns feux à vos feux ne peuuent s'égaler?

MELISSE.

I'ay tenu ces discours, mais i'ay crû vous parler,
N'estes-vous pas Dorante?

DORANTE.

Oüy, ie le suis, Madame,
Le malheureux témoin de vostre peu de flame,

Ce qu'vn moment fit naistre vn autre l'a destruit,
Et l'ouurage d'vn iour se perd en vne nuict.

MELISSE.

L'erreur n'est pas vn crime, & vostre chere Idée
Regnant sur mon esprit m'a si bien possedée,
Que dedans vostre objet le sien s'est confondu,
Et lors qu'il m'a parlé ie vous ay respondu.
En sa place tout autre eust passé pour vous-mesme,
Vous verrez par la suite à quel point ie vous aime,
Pardonnez cependant à mes esprits deçeus,
Daignez prendre pour vous les vœux qu'il a reçeus,
Ou si manque d'amour vostre soupçon persiste ...

DORANTE.

N'en parlons plus, de grace, & parlons de Philiste,
Il vous sert, & la nuict me l'a trop découuert.

MELISSE.

Dites qu'il m'importune & non pas qu'il me sert,
N'en craignez rien, adieu, i'ay peur qu'il ne reuienne.

DORANTE.

Où voulez-vous demain que ie vous entretienne?
Ie dois estre élargy.

MELISSE.

Ie vous feray sçauoir
Dés demain chez Cleandre où vous me pourrez voir.

DORANTE.

DORANTE.

Et qui vous peut si-tost apprendre ces nouuelles?

MELISSE.

Et ne sçauez-vous pas que l'Amour a des aisles?

DORANTE.

Vous auez habitude auec ce Caualier.

MELISSE.

Non, ie sçay tout cela d'vn esprit familier,
Soyez moins curieux, plus secret, plus modeste,
Sans ombrage, & demain nous parlerons du reste.

DORANTE seul.

Comme elle est ma maistresse elle m'a fait leçon,
Et d'vn soupçon ie tombe en vn autre soupçon,
Lors que ie crains Cleandre vn amy me trauerse:
Mais nous auons bien-fait de rompre le commerce,
Ie croy l'entendre.

SCENE VII.

DORANTE, PHILISTE, CLITON.

PHILISTE.

AMy, vous m'auez tost quitté!

DORANTE.

Sçachant fort peu la Ville & dans l'obscurité,
En moins de quatre pas i'ay tout perdu de veuë,
Et m'estant égaré dés la premiere ruë
Comme ie sçais vn peu ce que c'est que l'amour
I'ay crû qu'il vous falloit attendre en Bellecour:
Mais ie n'ay plus trouué personne à la fenestre.
Dites-moy cependant qui massacroit ce traistre,
Qui le faisoit crier?

PHILISTE.

A quelques mille pas
Ie l'ay rencontré seul tombé sur des plastras.

DORANTE.

Maraut, ne criois-tu que pour nous mettre en peine?

CLITON.

Souffrez encore vn peu que ie reprenne haleine.
Comme à Lyon le peuple aime fort les Laquais,
Et leur donne souuent de dangereux paquets,
Deux coquins me trouuant tantost en sentinelle
Ont laissé choir sur moy leur haine naturelle,
Et me prenant pour l'estre à l'habit rouge & vert...

DORANTE.

Quand il est nuict sans Lune, & qu'il fait temps couuert
Cognoit-on les couleurs? tu donnes vne bourde.

CLITON.

Ils portoient sous le bras vne lanterne sourde.
C'estoit fait de ma vie, ils me traisnoient à l'eau,
Mais sentant du secours ils ont craint pour leur peau,
Et joüant des talons tous deux en gens habiles
M'ont jetté de roideur sur vn monceau de thuiles,
Chargé de tant de coups & de poin & de pié
Que ie croy tout au moins en estre estropié:
Puissay-je voir bien-tost la canaille noyée.

PHILISTE.

Si j'eusse pû les joindre, ils me l'eussent payée,
La belle occasion dont ie n'ay pû joüir,
Et que cette sottise a fait éuanoüir.
Vous en estes témoin, cette belle adorable

Ne me pourroit iamais estre plus fauorable,
Iamais ie n'en reçeus d'accueil si gracieux,
Mais i'ay bien-tost perdu ces moments precieux.
Adieu, ie prendray soin demain de vostre affaire,
Il est saison pour vous de voir vostre lingere,
Puißiez-vous receuoir dedans son entretien
Vn plaisir plus solide & plus long que le mien.

SCENE VIII.

DORANTE, CLITON.

DORANTE.

CLiton, si tu le peux, regarde moy sans rire.

CLITON.

I'entens à demy-mot, & ne m'en puis dédire,
I'ay gagné vostre mal.

DORANTE.

Et bien, l'occasion?

CLITON.

Elle fait le menteur ainsi que le larron,
Mais si i'en ay donné c'est pour vostre seruice.

DORANTE.

Tu l'as bien fait courir auec cét artifice.

CLITON.

Si ie ne fusse cheu ie l'eusse mené loin,
Mais sur tout i'ay trouué la lanterne au besoin,
Et sans ce prompt secours vostre feinte importune
M'eust bien embarassé de vostre nuict sans Lune.
Sçachez vne autre fois que ces difficultez
Ne se proposent point qu'entre gens concertez.

DORANTE.

Pour le mieux éblouïr ie faisois le seuere.

CLITON.

C'estoit vn jeu tout propre à gaster le mystere,
Dites-moy cependant, estes-vous satisfait?

DORANTE.

Autant comme on peut l'estre.

CLITON.

En effet?

DORANTE.

En effet.

CLITON.

Et Philiste?

DORANTE.

Il se tient comblé d'heur & de gloire,

Mais on l'a pris pour moy dans vne nuict si noire,
On s'excuse du moins auec cette couleur.

CLITON.

Ces fenestres tousiours vous ont porté malheur.
Vous y pristes jadis Clarice pour Lucrece,
Aujourd'huy mesme erreur trompe vostre maistresse,
Et vous n'auez point eu de pareils rendez-vous
Sans faire vne jalouse, ou deuenir jaloux.

DORANTE.

Ie n'ay pas lieu de l'estre, & n'en sors pas fort triste.

CLITON.

Vous pourrez maintenant tout sçauoir de Philiste.

DORANTE.

Cliton, tout au contraire, il le faut éuiter,
Tout est perdu pour moy s'il me va tout conter.
De quel front oserois-je apres sa confidence
Souffrir que mon amour se mist en éuidence?
Apres les soins qu'il prend de rompre ma prison
Aimer en mesme lieu semble vne trahison,
Voyant cette chaleur qui pour moy l'interesse
Ie rougis en secret de seruir sa maistresse,
Et croy deuoir au moins ignorer son amour
Iusqu'à ce que le mien ait pû paroistre au iour.
Declaré le premier ie l'oblige à se taire,

Ou si de cette flame il ne se peut défaire,
Il ne peut refuser de s'en remettre au choix
De celle dont tous deux nous adorons les loix.

CLITON.

Quand il vous preuiendra vous pouuez le defendre
Außi-bien contre luy comme contre Cleandre.

DORANTE.

Contre Cleandre & luy ie n'ay pas mesme droit,
Ie dois autant à l'vn comme l'autre me doit,
Et tout homme d'honneur n'est qu'en inquietude
Pouuant estre suspect de quelque ingratitude.
Allons nous reposer, la nuict & le sommeil
Nous pourront inspirer quelque meilleur conseil.

Fin du quatriéme Acte.

ACTE V.

SCENE PREMIERE.

LYSE, CLITON.

CLITON.

Nous voicy bien logez, Lyse, & sans raillerie
Ie ne souhaitois pas meilleure hostellerie:
Enfin nous voyons clair à ce que nous faisons,
Et ie puis à loisir te conter mes raisons.

LYSE.

Tes raisons, c'est à dire, autant d'extrauagances?

CLITON.

Tu me cognois desia!

LYSE.

Bien mieux que tu ne penses.

CLITON.

CLITON.

I'en debite beaucoup.

LYSE.

Tu les sçais prodiguer.

CLITON.

Mais sçais-tu que l'amour me fait extrauaguer?

LYSE.

En tiens-tu donc pour moy?

CLITON.

I'en tiens, ie le confesse.

LYSE.

Autant comme ton maistre en tient pour ma maistresse?

CLITON.

Non pas encor si fort, mais dés ce mesme instant
Il ne tiendra qu'à toy que ie n'en tienne autant,
Tu n'as qu'à l'imiter pour estre autant aimée.

LYSE.

Si son ame est en feu, la mienne est enflamée,
Et ie croy iusqu'icy ne l'imiter pas mal.

CLITON.

Tu manques, à vray dire, encore au principal.

LYSE.

Ton secret est obscur.

CLITON.

Tu ne veux pas l'entendre;
Voy quelle est sa methode, & tâche de la prendre.
Ses attraits tout-puissants ont des auant-coureurs
Encor plus souuerains à luy gagner les cœurs,
Mon maistre se rendit à ton premier message;
Ce n'est pas qu'en effet ie n'aime ton visage,
Mais l'amour aujourd'huy dans les cœurs les plus vains
Entre moins par les yeux qu'il ne fait par les mains,
Et quand l'objet aimé voit les siennes garnies,
Il voit en l'autre objet des graces infinies.
Pourrois-tu te resoudre à m'attaquer ainsi?

LYSE.

I'en voudrois estre quitte à moins d'vn grand-mercy.

CLITON.

Escoute, ie n'ay pas vne ame interessée,
Et ie te veux ouurir le fonds de ma pensée.
Aimons-nous but à but, sans soupçon, sans rigueur,
Donnons ame pour ame, & rendons cœur pour cœur.

LYSE.

I'en veux bien à ce prix.

CLITON.

Donc sans plus de langage,

Tu veux bien m'en donner quelques baiſers pour gage.

LYSE.

Pour l'ame, & pour le cœur, autant que tu voudras,
Mais pour le bout du doigt ne le demande pas,
Vn amour delicat hait ces faueurs großieres,
Et ie t'ay bien donné des preuues plus entieres,
Pourquoy me demander des gages ſuperflus?
Ayant l'ame & le cœur que te faut-il de plus?

CLITON.

I'ay le gouſt fort großier en matiere de flame,
Ie ſçay que c'eſt beaucoup qu'auoir le cœur & l'ame;
Mais ie ne ſçais pas moins qu'on a fort peu de fruit
Et de l'ame & du cœur ſi le reſte ne ſuit.

LYSE.

Et quoy, pauure ignorant, ne ſçais-tu pas encore,
Qu'il faut ſuiure l'humeur de celle qu'on adore,
Se rendre complaiſant, vouloir ce qu'elle veut?

CLITON.

Si tu n'en veux changer, c'eſt ce qui ne ſe peut.
Dequoy me gueriroient ces gages inuiſibles?
Comme i'ay l'eſprit lourd, ie les veux plus ſenſibles;
Autrement, marché nul.

LYSE.

Ne deſeſpere point,

Chaque chose a son ordre, & tout vient à son point,
Peut-estre auec le temps nous pourrons-nous cognoistre;
Aprens-moy cependant qu'est deuenu ton maistre.

CLITON.

Il est auec Philiste allé remercier
Ceux que pour son affaire il a voulu prier.

LYSE.

Ie croy qu'il est rauy de voir que sa maistresse
Est la sœur de Cleandre, & deuient son hostesse?

CLITON.

Il a raison de l'estre & de tout esperer.

LYSE.

Auec toute asseurance il se peut declarer,
Autant comme la sœur le frere le souhaite,
Et s'il l'aime en effet ie tiens la chose faite.

CLITON.

Ne doute point s'il l'aime apres qu'il meurt d'amour.

LYSE.

Il semble toutefois fort triste à son retour.

SCENE II.

DORANTE, CLITON, LYSE.

DORANTE.

TOut est perdu, Cliton, il faut ployer bagage.

CLITON.

Ie fais icy, Monsieur, l'amour de bon courage,
Au lieu de m'y troubler, allez en faire autant.

DORANTE.

N'en parlons plus.

CLITON.

Entrez, vous dis-je, on vous attend.

DORANTE.

Que m'importe?

CLITON.

On vous aime.

DORANTE.

Helas!

CLITON.

On vous adore.

DORANTE.

Ie le sçay.

CLITON.

D'où vient donc l'ennuy qui vous deuore?

DORANTE.

Que ie te trouue heureux!

CLITON.

Le Destin m'est si doux
Que vous auez sujet d'en estre fort jaloux,
Alors qu'on vous caresse à grands coups de pistoles,
I'obtiens tout doucement paroles pour paroles;
L'auantage est fort rare, & me rend fort heureux.

DORANTE.

Il faut partir, te dis-je.

CLITON.

Oüy, dans vn an, ou deux.

DORANTE.

Sans tarder vn moment.

LYSE.

L'amour trouue des charmes
A donner quelquefois de pareilles alarmes.

DORANTE.

Lyse, c'est tout de bon.

LYSE.

Vous n'en auez pas lieu.

DORANTE.

Ta maistresse suruient, il faut luy dire adieu.
Puisse en ses belles mains ma douleur immortelle
Laisser toute mon ame en prenant congé d'elle.

SCENE III.

DORANTE, MELISSE, CLITON, LYSE.

MELISSE.

AV bruit de vos soupirs tremblante & sans couleur
Ie viens sçauoir de vous mon crime, ou mon malheur,
Si i'en suis le sujet, si i'en suis le remede,
Si ie le puis guerir, ou s'il faut que i'y cede,
Si ie dois, ou vous plaindre, ou me iustifier,
Et de quel ennemy ie me dois défier.

DORANTE.

De mon mauuais destin qui seul me persecute.

MELISSE.

A ſon injuſte loy que faut-il que j'impute?

DORANTE.

Le coup le plus mortel dont il m'euſt pû fraper.

MELISSE.

Eſt-ce vn mal que mes yeux ne puiſſent diſsiper?

DORANTE.

Voſtre amour le fait naiſtre, & vos yeux le redoublent.

MELISSE.

Si ie ne puis calmer les ſoucis qui vous troublent,
Du moins auecque vous ie puis les partager.

DORANTE.

Ah, vous les aigriſſez les voulant ſoulager:
Puis-je voir tant d'amour auec tant de merite,
Et dire ſans mourir qu'il faut que ie vous quitte?

MELISSE.

Vous me quittez? ô Ciel! Mais, Lyſe, ſouſtenez,
Ie ſens manquer la force à mes ſens eſtonnez.

DORANTE.

N'aigriſſez point ma playe, elle eſt aſſez ouuerte,
Vous me monſtrez en vain la grandeur de ma perte,
Ce grand excez d'amour que font voir vos douleurs
Triomphe de mon cœur ſans vaincre mes malheurs.

On ne m'arreste pas pour redoubler mes chaines,
On redouble ma flame, on redouble mes peines:
Mais tous ces nouueaux feux qui viennent m'embraser
Me donnent seulement plus de fers à briser.

MELISSE.

Donc à m'abandonner vostre ame est resoluë?

DORANTE.

Ie cede à la rigueur d'vne force absoluë.

MELISSE.

Vostre manque d'amour vous y fait consentir.

DORANTE.

Traitez-moy de volage, & me laissez partir,
Vous me serez plus douce en m'estant plus cruelle:
Ie ne pars toutesfois que pour estre fidelle,
Et ie me resoudrois à luy desobeyr
Si ie pouuois aussi me resoudre à trahir.
Sçachez-en le sujet, & peut-estre, Madame,
Que vous-mesme auoüerez, en lisant dans mon ame,
Qu'il faut plaindre Dorante au lieu de l'accuser,
Que plus il quitte en vous, plus il est à priser,
Et que tant de faueurs dessus luy respanduës
Sur vn indigne objet ne sont pas descenduës.
Ie ne vous redy point combien il m'estoit doux
De vous cognoistre enfin & de loger chez vous,

Ny comme auec transport ie vous ay rencontrée:
Par cette porte, helas! mes maux ont pris entrée,
Par ce dernier bon-heur mon bon-heur s'est détruit,
Ce funeste départ en est l'vnique fruit,
Et ma bonne fortune à moy-mesme contraire
Me fait perdre la sœur par la faueur du frere.
Le cœur enflé d'amour & de rauissement
I'allois rendre à Philiste vn mot de compliment,
Mais luy tout aussi-tost sans le vouloir entendre,
Cher amy, m'a-t'il dit, vous logez chez Cleandre,
Vous aurez veu sa sœur, ie l'aime, & vous pouuez
Me rendre beaucoup plus que vous ne me deuez,
En faueur de mes feux parlez à cette belle,
Et comme mon amour a peu d'accez chez elle
Faites l'occasion quand ie vous iray voir.
A ces mots i'ay fremy sous l'horreur du deuoir,
Par ce que ie luy dois iugez dans ma misere
Ce que i'ay dû promettre & ce que ie dois faire.
Ce cœur qui le trahit s'il vous aime aujourd'huy
Ne vous trahit pas moins s'il vous parle pour luy:
Ainsi pour n'offencer son amour, ny le vostre,
Ainsi pour n'estre ingrat ny vers l'vn, ny vers l'autre,
I'oste de vostre veuë vn amant malheureux
Puisque mesme à vous voir ie vous trahis tous deux,

Luy, ſouſtenant vos feux auecque ma preſence,
Vous, parlant pour Philiſte auecque mon ſilence.

MELISSE.

C'eſt à Philiſte donc que vous m'abandonnez?
Ou pluſtoſt c'eſt Philiſte à qui vous me donnez?
Voſtre amitié trop ferme, ou voſtre amour trop lâche
M'oſtant ce qui me plaiſt me rend ce qui me fâche?
Que c'eſt à contre-temps faire l'amant diſcret
Qu'en ces occaſions conſeruer vn ſecret!
Il faloit découurir... mais ſimple, ie m'abuſe,
Vn amour ſi leger euſt mal ſeruy d'excuſe,
Vn bien acquis ſans peine eſt vn treſor en l'air,
Ce qui couſte ſi peu ne vaut pas en parler,
La garde en importune, & la perte en conſole,
Et pour le retenir c'eſt trop qu'vne parole.

DORANTE.

Quelle excuſe, Madame, & quel remerciement?
Et quel conte euſt-il fait d'vn amour d'vn moment,
Allumé d'vn coup d'œil? car luy dire autre choſe,
Luy conter de vos feux la veritable cauſe,
Que ie vous ſauue vn frere, & qu'il me doit le iour,
Que la recognoiſſance a produit voſtre amour,
C'eſtoit mettre en ſa main le deſtin de Cleandre,
C'eſtoit trahir ce frere en voulant vous defendre,

C'estoit me repentir de l'auoir conserué,
C'estoit l'assaßiner apres l'auoir sauué,
C'estoit desaduoüer ce genereux silence
Qu'au peril de mon sang garda mon innocence,
Et perdre, en vous forçant à ne plus m'estimer,
Toutes les qualitez qui vous firent m'aymer.

MELISSE.

Helas! tout ce discours ne sert qu'à me confondre,
Ie n'y puis consentir, & n'y sçay que respondre;
Mais ie découure enfin l'adresse de vos coups,
Vous parlez pour Philiste, & vous faites pour vous,
Vos Dames de Paris vous appellent vers elles,
Nos Prouinces pour vous n'en ont point d'assez belles,
Si dans vostre prison vous auez fait l'Amant
Ie ne vous y seruois que d'vn amusement,
A peine en sortez-vous que vous changez de style,
Pour quitter la maistresse il faut quitter la ville,
Ie ne vous retiens plus, allez.

DORANTE.

Puisse à vos yeux
M'écraser à l'instant la colere des Cieux,
Si i'adore autre objet que celuy de Melisse,
Si ie conçoy des vœux que pour vostre seruice,
Et si pour d'autres yeux on m'entend souspirer

Tant que ie pourray voir quelque lieu d'esperer.
Ouy, Madame, souffrez que cette amour persiste
Tant que l'Hymen engage ou Melisse, ou Philiste,
Iusque-là les douceurs de vostre souuenir
Auec vn peu d'espoir sçauront m'entretenir,
I'en iure par vous-mesme, & ne suis pas capable
D'vn serment, ny plus saint, ny plus inuiolable.
Mais i'offence Philiste auec vn tel serment,
Pour guerir vos soupçons ie nuis à vostre amant,
I'effaceray ce crime auec cette priere;
Si vous deuez le cœur à qui vous sauue vn frere,
Vous ne deuez pas moins au genereux secours
Dont tient le iour celuy qui conserua ses iours:
Aymez en ma faueur vn amy qui vous aime,
Et possedez Dorante en vn autre luy-mesme.
Adieu, contre vos yeux c'est assez combatu,
Ie sens à leurs regards chanceler ma vertu,
Et dans le triste estat où mon ame est reduite
Pour sauuer mon honneur ie n'ay plus que la fuite.

SCENE IV.

DORANTE, PHILISTE, MELISSE, LYSE, CLITON.

PHILISTE.

AMy, ie vous rencontre assez heureusement.
Vous sortiez ?

DORANTE.

Ouy, ie sors, amy, pour vn moment,
Entrez, Melisse est seule, & ie pourrois vous nuire.

PHILISTE.

Vous ne m'échappés point à moins que m'introduire,
Apres sur le discours vous prendrez vostre temps;
Et nous serons ainsi l'vn & l'autre contents.
Ie voudrois toutesfois vous dire vne nouuelle,
Et vous en faire rire en sortant d'auec elle;
Chez vn de mes amys ie viens de rencontrer
Certain liure nouueau que ie vous veux monstrer.
Vous me semblez troublé!

DORANTE.

I'ay bien raiſon de l'eſtre,

Adieu.

PHILISTE.

Vous ſouſpirez, & voulez diſparoiſtre?
De Meliſſe, ou de vous ie ſçauray vos malheurs.
Madame, puiſie... O Ciel! elle meſme eſt en pleurs!
Ie ne voy des deux parts que des ſujets d'alarmes!
D'où viennent ſes ſouſpirs, & d'où naiſſent vos larmes?
Quel accident vous fache & le fait retirer?
Qu'ay-je à craindre pour vous, ou qu'ay-je à déplorer?

MELISSE.

Philiſte, il eſt tout vray... Mais retenez Dorante,
Sa preſence au ſecret eſt la plus importante.

DORANTE.

Vous me perdez, Madame.

MELISSE.

Il faut tout hazarder
Pour vn bien qu'autrement ie ne puis plus garder.

LYSE.

Cleandre entre.

MELISSE.

Le Ciel à propos nous l'enuoye.

SCENE V.

DORANTE, PHILISTE, CLEANDRE, MELISSE, LYSE, CLITON.

CLEANDRE.

Ma sœur, auriez vous crû.... Vous monstrez peu de joye!
En si bon entretien qui vous peut attrister?

MELISSE à Cleandre.

I'en contois le sujet, vous pouuez l'écouter.
à Philiste. *Vous m'aimez, ie l'ay sceu, Monsieur, de vostre bouche,*
Ie l'ay sceu de Dorante, & vostre amour me touche,
Si trop peu pour vous rendre vn amour tout pareil,
Assez pour vous donner vn fidelle conseil.
Ne vous obstinez plus à cherir vne ingrate,
I'ayme ailleurs, c'est en vain qu'vn faux espoir vous flate,
I'ayme, & ie suis aymée, & mon frere y consent,
Mon choix est aussi beau que mon amour puissant,

Vous

Vous l'auriez fait pour moy si vous estiez mon frere,
C'est Dorante en vn mot qui seul a pû me plaire,
Ne me demandez point ny quelle occasion
Ny quel temps entre nous a fait cette vnion,
S'il la faut appeller ou surprise, ou constance,
Ie ne vous en puis dire aucune circonstance:
Contentez-vous de voir que mon frere aujourd'huy
L'estime, & l'aime assez pour le loger chez luy,
Et d'apprendre de moy que mon cœur se propose
Le change & le tombeau pour vne mesme chose.
Lors que nostre destin nous sembloit le plus doux
Vous l'auez obligé de me parler pour vous,
Il l'a fait, & s'en va pour vous quitter la place:
Iugez par là, Monsieur, quel malheur nous menace,
Voilà cét accident qui le fait retirer,
Voilà ce qui le trouble, & qui me fait pleurer,
Voilà ce que ie crains, & voilà les alarmes
D'où viennent ses souspirs, & d'où naissent mes larmes.

PHILISTE.

Ce n'est pas là, Dorante, agir en Caualier,
Sur ma parole encor vous estes prisonnier,
Vostre liberté n'est qu'vne prison plus large,
Et ie respons de vous s'il suruient quelque charge,
Vous partez cependant, & sans m'en aduertir!

Rentrez dans la prison dont vous vouliez sortir.

DORANTE.

Allons, ie suis tout prest d'y laisser une vie
Plus digne de pitié qu'elle n'estoit d'enuie,
Mais apres le bon-heur que ie vous ay cedé,
Ie meritois peut-estre vn plus doux procedé.

PHILISTE.

Vn amy tel que vous n'en merite point d'autre,
Ie vous dy mon secret, vous me cachez le vostre,
Et vous ne craignez point d'irriter mon couroux
Lors que vous me iugez moins genereux que vous!
Vous pouuez me ceder vn objet qui vous aime,
Et i'ay le cœur trop bas pour vous traiter de mesme,
Pour vous en ceder vn à qui l'amour me rend
Sinon trop mal voulu, du moins indifferent!
Si vous auez pû naistre, & noble, & magnanime,
Vous ne me deuiez pas tenir en moindre estime,
Malgré nostre amitié ie m'en dois ressentir,
Rentrez dans la prison dont vous vouliez sortir.

CLEANDRE.

Vous prenez pour mespris son trop de deference,
Dont il ne faut tirer qu'vne plaine asseurance
Qu'vn amy si parfait que vous osez blamer
Vous aime plus que luy sans vous moins estimer.

Si pour luy vostre foy sert aux iuges d'ostage
Permettez qu'auprés d'eux la mienne la dégage,
Et sortant du peril d'en estre inquieté
Remettez-luy, Monsieur, toute sa liberté.
Ou si mon mauuais sort vous rend inexorable
Au lieu de l'innocent arrestez le coulpable,
C'est moy qui me sçeus hier sauuer sur son cheual
Apres auoir donné la mort à mon riual.
Ce duel fut l'effet de l'amour de Clymene,
Et Dorante sans vous se fust tiré de peine
Si deuant le Preuost son cœur trop genereux
N'eust voulu mécognoistre vn homme malheureux.

PHILISTE.

Ie ne demande plus quel secret a pû faire
Et l'amour de la sœur, & l'amitié du frere,
Ce qu'il a fait pour vous est digne de vos soins,
Vous luy deuez beaucoup, vous ne rendez pas moins,
D'vn plus haut sentiment la vertu n'est capable,
Et puisque ce duel vous auoit fait coulpable,
Vous ne pouuiez iamais enuers vn innocent
Estre plus obligé, ny plus recognoissant.
Ie ne m'oppose point à vostre gratitude,
Et si ie vous ay mis en quelque inquietude,
Si de vostre depart i'ay paru me piquer,

Vous ne m'entendiez pas, & ie vay m'expliquer.
On nomme vne prison le nœud de l'Hymenée,
L'amour mesme a des fers dont l'ame est enchainée,
Vous les quittiez pour moy, ie n'y puis consentir,
Rentrez dans la prison dont vous vouliez sortir.

DORANTE.

Amy, c'est là le but qu'auoit vostre colere!

PHILISTE.

Amy, ie fais bien moins que vous ne vouliez faire.

CLEANDRE.

Comme à luy ie vous dois & la vie & l'honneur.

MELISSE.

Vous m'auez fait trembler pour croistre mon bon-heur.

PHILISTE.

I'ay voulu voir vos pleurs pour mieux voir vostre flame,
Et la crainte a trahy les secrets de vostre ame:
Mais quittons desormais des compliments si vains,
Vostre secret, Monsieur, est seur entre mes mains,
Receuez moy pour tiers d'vne amitié si belle,
Et croyez qu'à l'enuy ie vous seray fidelle.
Cher amy, cependant, cognoissez vous cecy. (Il luy monstre le Menteur imprimé.)

DORANTE.

Oüy, ie sçay ce que c'est, vous en estes aussi,

V n peu moins que le mien vostre nom s'y fait lire,
Et si Cliton dit vray, nous aurons dequoy rire.
C'est vne Comedie, où pour parler sans fard
Philiste ainsi que moy doit auoir quelque part:
Au sortir d'écolier j'eus certaine aduanture
Qui me met là dedans en fort bonne posture,
On la jouë au Marais sous le nom du Menteur.

CLITON.

Gardez que celle-cy n'aille jusqu'à l'Autheur,
Et que pour vne Suite il n'y trouue matiere,
La seconde à mon gré vaudroit bien la premiere.

DORANTE.

Fais-en ample memoire, & va le luy porter,
Nous prendrons du plaisir à la representer,
Entre les gens d'honneur on fait de ces parties,
Et ie tiens celle-cy pour des mieux assorties.

PHILISTE.

Le sujet seroit beau.

DORANTE.

Vous n'en sçauez pas tout.

MELISSE.

Quoy! joüer nos amours ainsi de bout en bout?

CLEANDRE.

La majesté des Roys que leur Cour idolatre

Sans perdre son esclat monte sur le Theatre,
C'est gloire & non pas honte, & pour moy i'y consens.

PHILISTE.

S'il vous en faut encor des motifs plus puissants,
Vous pouuez effacer auec cette seconde
Les bruits que la premiere a laissez dans le monde,
Et ce cœur genereux n'a que trop d'interest
Qu'elle face par tout cognoistre ce qu'il est.

CLITON.

Mais peut-on l'adjuster dans les vingt & quatre heures?

DORANTE.

Qu'importe?

CLITON.

A mon aduis ce sont bien les meilleures,
Car, graces au bon Dieu, nous nous y cognoissons,
Les Poëtes au parterre en font tant de leçons
Et là cette science est si bien esclaircie
Que nous sçauons que c'est que de Peripetie,
Catastase, Episode, vnité, dénoüement,
Et quand nous en parlons, nous parlons congruëment.
Donc en termes de l'art, ie crains que vostre histoire
Soit peu iuste au Theatre, & la preuue est notoire,
Si le sujet est rare, il est irregulier,
Car vous estes le seul qu'on y voit marier.

DORANTE.

L'Autheur y peut mettre ordre auec fort peu de peine,
Cleandre en mesme temps espousera Clymene,
Et pour Philiste, il n'a qu'à me faire vne sœur
Dont il receura l'offre auec joye & douceur,
Il te pourra toy-mesme assortir auec Lyse.

CLITON.

L'inuention est iuste & me semble de mise.
Ne reste plus qu'vn point touchant vostre cheual,
Si l'Autheur n'en rend conte elle finira mal,
Les esprits delicats y trouueront à dire,
Et feront de la Piece entr'eux vne Satyre
Si dequoy qu'on y parle, autant gros que menu,
La fin ne leur apprend ce qu'il est deuenu.

CLEANDRE.

De peur que dans la ville il me fist recognoistre
Ie le laissay bien-tost libre de chercher maistre,
Mais pour mettre la Piece à sa perfection
L'autheur à ce defaut jouera d'inuention.

DORANTE.

Nous perdons trop de temps autour de sa doctrine,
Qu'à son choix comme luy tout le monde y rafine,
Allons voir comme icy l'Autheur m'a figuré,
Et rire à mes despens apres auoir pleuré.

CLITON seul.

Tout change, & de la joye on passe à la tristesse,
Aux plus grands déplaisirs succede l'allegresse,
Ceux qui sont las debout se peuuent aller scoir,
Ie vous donne en passant cét aduis, & bon-soir.

Fin du cinquiéme & dernier Acte.

www.ingramcontent.com/pod-product-compliance
Lightning Source LLC
LaVergne TN
LVHW050537100826
845148LV00002B/587

* 9 7 8 2 0 1 2 1 9 7 2 3 7 *